研而有声

——基于核心素养下小学语文教学的探索与实践

陈月容　黄秀英◎编著

东北师范大学出版社
长春

图书在版编目（CIP）数据

研而有声：基于核心素养下小学语文教学的探索与实践 / 陈月容，黄秀英编著. — 长春：东北师范大学出版社，2020.12

ISBN 978-7-5681-7323-0

Ⅰ. ①研… Ⅱ. ①陈… ②黄… Ⅲ. ①小学语文课–教学研究 Ⅳ. ①G623.202

中国版本图书馆CIP数据核字（2020）第260948号

□责任编辑：贾秀艳　　□封面设计：言之凿
□责任校对：刘彦妮　张小娅　□责任印制：许　冰

东北师范大学出版社出版发行
长春净月经济开发区金宝街 118 号（邮政编码：130117）
电话：0431-84568115
网址：http：//www.nenup.com
北京言之凿文化发展有限公司设计部制版
北京政采印刷服务有限公司印装
北京市中关村科技园区通州园金桥科技产业基地环科中路 17 号（邮编：101102）
2022年6月第1版　2022年6月第1次印刷
幅面尺寸：170mm × 240mm　印张：14.25　字数：257千

定价：45.00元

序言

PREFACE

追梦路上

印度大诗人泰戈尔曾这样写道："花的事业是甜蜜的，果的事业是珍贵的，让我干叶的事业吧，因为它总是谦逊地低垂着它的绿荫。"教师的事业虽不是轰轰烈烈的，但它一直润物细无声地滋润着每一个心灵。怀抱着对教育事业的无限憧憬，1999年我踏上了富有挑战性的教书育人的追梦之路。

追梦路上，有人为自己得到伯乐的赏识而感到幸运，有人为自己遇到难得的机会而感到幸运，而我为自己站在了巨人的肩膀上而感到幸运。2000年，我刚到肇庆鼎湖逸夫小学，就与陈月容主任、夏浩和校长、彭建来校长、钟结兰老师等结下不解之缘。看到这些巨人的风采，我便有了成为名师的梦想。于是，每一节课我拿着小凳子当起"学生"，走进名师课堂，课下追着导师赐教。课堂上我学到更多的不是课堂技巧，而是他们对教育的那份执着和认真，我渐渐地仿佛找到前进的方向和动力。

机遇，往往会在不经意间光临我们的身边，就看我们是否做好准备。因为，机会只垂青于有准备的人。我们青年教师要乐于、善于抓住这稍纵即逝的机会，要展现自己的独特风格，让我们的成长之路永远充满亮色！2004年3月，我有幸成为肇庆市小学语文骨干教师研究组成员，同年5月，我代表鼎湖区参加肇庆市小学语文青年教师阅读教学比赛，从中脱颖而出，又代表肇庆市参加广东省第五届青年教师阅读教学观摩大赛。对于这样千载难逢的机会，我十分激动。为了取得好的成绩，夏浩和校长亲自"督战"，导师反复评课，磨课又磨课，我录下磨课课堂实录，经常面对镜子"试镜"，纠正教态……

7月的汕头潮阳正在举行广东省第五届青年教师阅读教学观摩大赛。唰唰唰……“露着笑脸的红太阳，流动的白云，在空中跳舞的小鸟，还有绿绿的草地……”一幅美丽的简笔画出现在黑板上。“哗——好棒啊！”……课前，48双小眼睛被老师线条流畅而生动的简笔画吸引住了。“上课，同学们好！”“老师您好！”她亲切地说：“今天我们继续走进《植物妈妈有办法》……”课中，孩子们跟着课堂的节奏思考着、互动着、分角色朗读着……课末，孩子们争先恐后地抢着发言，“我知道睡莲妈妈靠水的流动……”“我还知道石榴……”课堂有亮点，老师眼中有学生，学生有收获……课尽而意未尽。16年前的我在20多位选手中脱颖而出，囊括了“教学设计”“板书设计”和“课堂教学”三个奖项的一等奖。追梦路上，我第一次看到了不一样的风景，感受到了奋斗的喜悦。

教育科研路上，师父陈月容主任一直亲自领着我前行，陪伴我成长。2006年，我参与了陈月容主任主持的省级课题“走进新课改，探索口语交际新教法”的研究，此课题荣获2010年肇庆市第一届教育科研成果二等奖。这让我尝到教育科研的甜头，使我更坚定地走在教育科研的路上。2012年开始，我主持的国家级课题“读书习惯的养成与写作能力的提高”荣获肇庆市科研成果二等奖；2017年，我主持的课题“如何在课堂教学中渗透传统文化”荣获广东省第30届中小学教育创新成果三等奖；我主编的“舌尖上的肇庆”在“广东省中小学特色读物”评选活动中荣获二等奖。在追梦路上，我深深地感受到能与名师同行是一件多么幸福的事。

独行快，众行远。2018年，我成为广东省陈月容名教师工作室入室学员。在这个团队中，我采名师教学之策略，取名师教学之奇葩来丰富自己的教学生涯。陈月容导师建议我把近年来围绕“基于核心素养下小学语文教学的探索与实践”进行研究的课题整理成书，形成一种教研文化。于是，在陈导师的指导下，我们很快就“画图施工”了。

本书立足于“核心素养”这一背景，针对小学语文教学如何落实核心素养做出了相应论述。全书以四个不同的课题为依托，通过翔实的课题报告、大量的教学设计和案例做了详细的阐述。第一个课题，主要阐述了基于部编教材下阅读教学模式的研究；第二个课题，主要阐述了读书习惯的养成与写作能力的提高；第三个课题，主要阐述了国学启蒙，语文学科教学整合的研究；第四个课题，主要阐述了信息技术与小学语文教学深度融合的案例研究；第五个篇章——育人碎谈，主要捕捉了教育教学路上的点滴。

21载的奋力前行，虽然我收获了“广东省特级教师”“广东省南粤优秀教师”“肇庆市优秀教师”“肇庆市基础教育系统学科带头人”等多项荣誉，但是站在巨人的肩膀上，我才知山川之广大、自身之渺小。在教育的追梦路上，我要以梦为马，继续做幸福的追梦人。

是为序！

黄秀英

2020年7月9日

目录 CONTENTS

第三篇　肇庆市基础教育科研“十二五”规划课题 “国学启蒙，语文学科教学整合的研究”

第四篇　广东省教育技术中心2018年教育信息化应用融合创新课题（市级）“信息技术与小学语文教学深度融合的案例研究”

第五篇　育人碎谈

第一篇

广东省教育科研“十三五”规划课题
“基于部编教材下阅读教学模式的研究”

第一章
“基于部编教材下阅读教学模式的研究”中期研究报告

执笔人：陈月容　李少波

我校就课题“基于部编教材下阅读教学模式的研究”于2019年3月向广东省教育科学规划领导小组提出立项申请，2019年 5 月此课题获批立项为广东省教育科研“十三五”规划课题2019年度教育科研一般项目课题，批准号2019YQJK48。我们通过一年多来的研究和实践，课题研究的预期目标已基本达到，现将课题研究情况及取得的成果汇报如下：

一、课题研究的意义

《义务教育语文课程标准》明确指出：“阅读教学的重点是培养学生具有感受、理解、欣赏和评价的能力”“提倡多角度的、有创意的阅读，利用阅读期待、阅读反思和批判等环节，拓展思维空间，提高阅读质量”。给学生辽阔的阅读空间，阅读教学的效率会大大提升。阅读能力的提高，不但能够加强小学生在阅读中的情感体验，而且可以让学生积累丰富的语文知识，形成良好的语感去理解、鉴赏文学作品，从而受到高尚情操与趣味的熏陶，同时能发展他们的个性，丰富他们的精神世界。为了深化课程改革，有效地提高阅读能力，为学生终身学习和发展打下良好的基础，我们选定了这样的课题，旨在最大限度地拓展小学语文阅读教学的时间和空间，既立足于教材，引导学生在各种课文的学习中求得学习的方法，又在课文教学的基础上有机扩展，引导学生到更广阔的生活环境中去学习语文，真正做到“得法课内，得益课外”，达到课内与课外沟通、迁移，整体提升学生语文素养的目的。

二、课题研究所要解决的问题

部编教材的阅读教学理念为1+X，即强化阅读，构建三位一体的阅读体系。中高年级开始，教材有了精读课文、略读课文和“快乐读书吧”的安排，其各自承担着不同的功能：精读课文学习方法，略读课文运用方法，“快乐读书吧”使课外阅读课程化，引导学生进行大量阅读实践。这样的设计使得课外阅读与课内阅读有机整合，共同促进学生阅读能力的提升。本课题主要进行两个教学模式的探究：①低、中、高年段精读课文阅读教学模式的探究：通读—品读—延读；②中、高年段略读课文阅读教学模式的探究：自读—分享—运用。本课题意在通过探究阅读教学模式实现部编教材1+X的教学理念。

三、课题研究目标

通过精读课文阅读教学模式的探究“通读—品读—延读”，略读课文阅读教学模式的探究“自读—分享—运用”，以《义务教育语文课程标准》为依据，以语文课本为凭据，有目的地、有计划地、有步骤地在教师的指导下进行学生的语文学习实践活动。在阅读教学中，教师引导学生进行正确的阅读，帮助学生掌握阅读策略，培养学生具有感受、理解、欣赏和评价的能力。提倡多角度的、有创意的阅读，利用阅读期待、阅读反思和批判等环节，拓展学生的思维空间，提高阅读质量。

四、课题研究内容

低、中、高年段精读课文阅读教学模式的探究：通读—品读—延读。详细阐释这一模式就是：读通读顺课文——让学生把课文读通读顺，识字写字，培养学生的问题意识，激发学生的探究意识；进行品读，达到品悟结合——让学生整体把握课文内容，理清作者的思路→抓住“感悟点”，感悟其思想内容→品词析句，体会作者的表达方法，领悟作者遣词造句的精妙；延读——采取“1+X”的办法，即学习一篇课文，附加若干篇泛读或者课外阅读的文章，目的就是要拓展学生阅读面，增大阅读量。

中、高年段略读课文阅读教学模式的探究：自读—分享—运用。即让学生自读自悟，找出读懂的与读不懂的内容，接着小组、师生分享，全员互动，最后运用所学阅读自己喜欢的文章。

五、研究重点

依据部编教材，立足课堂，探索部编教材下阅读教学的模式，培养学生的创新思维，提高阅读质量。

六、研究方法

1. 调查法。针对学生的学习现状进行调查，目的是为实施研究做好前期准备工作。

2. 文献研究法。认真学习，密切关注教改动态，积极搜集与本课题研究相关的教学资料、信息，研读《义务教育语文课程标准》等，使课题实施建立在扎实的理论支撑的基础上。

3. 实践观察法。深入课堂进行听课，分析课堂教学中的每个环节是否具有合理性、科学性和有效性。

4. 经验总结法。注意搜集、积累和总结课题研究中多方面的成功经验和做法，提升教学理念。

七、主要工作及成果

课题研究中，课题组成员定期参加学校或区教研室组织的理论学习和业务培训，并积极参加外出观摩活动，查阅大量书籍、杂志，还利用网络学习，积累了丰富的理论，撰写了多篇实验论文、教学案例、教学反思，不断优化课堂教学艺术，教育教学理论得到提升，教学的专业化水平得到了发展。

（一）教师的教育观念得到更新，课题展示获好评

在实验的过程中多数教师的教育观念得到更新，他们在语文教学课堂中注重落实阅读教学1+X，强化阅读，构建三位一体的阅读体系，有针对性地进行教学；他们对小学阶段学生阅读习惯的认识有了很大提高，学科教育教学水平、科研意识和能力都得到提高。

我们课题组多次举行校内校外、区内区外的课题公开示范课，课题组老师们对部编教材下阅读教学模式的独到见解获得听课老师的一致好评。

课题组成员李少波老师参加肇庆三地名师送课下乡系列活动到永安镇新村小学送教，展示的课例《“凤辣子”初见林黛玉》得到肇庆三地听课老师的一致好评，课题成果得以推广；陈玉燕老师在鼎湖逸夫小学上名师示范课《一夜的工作》，她运用1+X模式来强化学生的阅读能力训练，这让听课老师和学生收获良多；黄惠珊老师参加肇庆市鼎湖区教研活动到永安中心小学送教，展示的课例为《圆明园的毁灭》，她用1+X模式以及我们课题组的校本教材《课外阅读拓展》来强化学生的阅读能力训练，取得了良好的教学效果；在鼎湖区小学语文名师工作室成果展示会上，课题组实验老师陈淑仪执教的《忆读书》和陈丽萍执教的《王戎不取道旁李》运用“通读—品读—延读”的教学模式，课内阅读与课外阅读相结合，大大提高了学生的阅读兴趣，使学生习得文言文的学习方法，取得了良好的教学效果；在鼎湖区小学语文青年教师成长课比赛活动中，课题组实验老师陈丽萍的参赛课《剃头大师》、黄惠珊的参赛课《我是一只小虫子》和陈淑仪的参赛课《纪昌学射》分别获得一等奖、二等奖和二等奖；课题组成员陈丽萍老师参加2019年广东省陈月容名教师工作室跟岗研修活动，执教的课题研讨课《牛和鹅》，运用精读课文的“三读”教学模式，以阅读策略“学会写旁注”为教学内容，注重阅读能力的培养，融合课内外阅读，获得听课老师的好评。

（二）课题组成员中多人获得省、市、区级荣誉

一年来，课题组老师获得了多项荣誉：课题组成员李少波老师被评为2019年肇庆市优秀教师，在广东省中小学“书香校园”线上读书系列活动中，她还被评为优秀指导老师；课题主持人陈月容老师喜获“鼎湖区教学能手”称号和鼎湖区坑口街道办事处“优秀教师”称号；课题组成员梁巧玲老师被肇庆市鼎湖区坑口街道办事处授予“优秀教师”称号；课题组成员陈淑仪老师获得“鼎湖区教学能手”和鼎湖区坑口街道办事处授予的“教学新星”称号；课题组成员陈丽萍老师在2019年鼎湖区小学语文青年教师专业素养比赛中获得特等奖，在2019年鼎湖区小学语文青年教师成长课比赛中获得一等奖，在2019年鼎湖区小学语文青年教师素养比赛中粉笔字书写项目和美文诵读项目均获得一等奖。

（三）课题组成员认真撰写教学论文，设计优秀课例

一年来，课题组成员撰写教学论文获奖或发表共六篇。陈玉燕老师撰写的论文《文贵情真 情真感人》发表在《教育观察》2019年11月第22期上，《运用信息技术让教与学更高效》在鼎湖区2019学年教育教学论文评比中，荣获一等奖；李少波老师撰写的论文《语文教学中应用数字阅读提高教学实效性的探索》获广东省教学论文二等奖；陈月容老师的论文《巧用部编教材，融合课内外阅读》在鼎湖区2019学年教育教学论文评比中，荣获一等奖；陈淑仪老师撰写的论文《留心观察，积累写作素材》《做自己情绪的小主人——小学生情绪管理探讨》在鼎湖区2019学年教育教学论文评比中，均获二等奖。

获奖课例共两个。课题主持人陈月容老师2019年 8 月按照课题“基于部编教材下阅读教学模式的研究”的教学理念上的课例《自己的花是让别人看的》，在2019年肇庆市小学语文教师教学录像课评比活动中获市二等奖；李少波老师的课例《“凤辣子”初见林黛玉》，在2019年肇庆市小学语文教师教学录像课评比活动中获市二等奖。

在实验过程中，课题组老师不断进行部编教材下阅读教学模式的研究，编写了一年级至六年级的《精读课文课外阅读拓展》的校本教材。

八、下阶段课题研究的方向

在后阶段的研究过程中，我校课题组全体成员将继续通力合作，严谨地按照课题实施方案去落实第三、第四阶段的实践研究，在争取低、中、高年段精读课文“通读—品读—延读”以及中、高年段略读课文“自读—分享—运用”的课堂教学模式在我校扎根、结果的同时，提升我校的教学教研水平，进而提高我校学生的综合素质。

第二章　优秀论文

“三读”教学模式的初探

肇庆鼎湖逸夫小学　陈月容

【内容摘要】

根据阅读教学的任务与目标，探索部编教材下阅读教学的模式，尝试采用“三读”教学模式：通读—品读—延读。在教学中，首先让学生通读全文，了解大意；其次让学生研读文本，体味情感：根据不同的年段和课文，老师灵活地指导学生，进行“引导品读、自主品读、合作品读”；最后是阅读拓展，采取“1+X”的办法，即学习一篇课文，附加若干篇泛读或者课外阅读的文章。教学依托教材，融合课内课外的阅读，落实语文要素，以提高学生语文核心素养。

【关键词】

教学模式　通读　品读　延读

部编版小学语文教材的阅读教学要兼顾几方面的目标的实现：一是体现本单元的重点目标，落实语文要素；二是体现每课特点的个性化学习目标，基于文本的特殊性，挖掘有学习价值的内容；三是落实学段的常规性目标，完成学段中每篇课文要求完成的基本任务。因此，在教学时，我们要结合学生的实际情况，依据每篇课文的课后题来确定教学内容。

根据以上阅读教学的任务与目标，我们在探索部编教材下阅读教学的模式时尝试采用“三读”教学模式：通读—品读—延读。

一、通读——整体通读，了解大意

通读，我们理解为把课文读通顺，读流利，读懂全文大意。一年级的通读是离不开老师指导的。听范读可以放老师朗读的音频，也可以放课文朗读视频。

1. 三步预习，做好铺垫。我非常注意学生预习能力（自学能力）的培养，在教小学阶段第一篇课文《秋天》前，我和学生明确课文学习的课前预习要求："读"，听老师朗读的音频，自己读通课文；"标"，数一数课文共有多少个自然段，在每段的段首用数字标出来；"想"，读完课文，想想你知道了什么，从文中获得了哪些信息。"读、标、想"三个课前预习的要求，为学生对课文的学习做了很好的铺垫，特别是有些学生通过听老师的范读音频，在课文学习前就已经会背诵课文了，这样老师在教学中就可以事半功倍。

2. 生字教学，扫清障碍。低年级的阅读教学，生字词的教学与课文理解是分不开的，两者互相兼容、穿插。为了让学生更好地理解课文大意，我们根据不同的文章内容与结构，有时采用集中识字的教学法，也就是先教完生字，再进行课文内容的理解；有时采用随文识字的方式，让学生在理解课文的过程中认识生字，帮助其理解词语的意思。

二、品读——研读文本，体味情感

品读，是指对文本有选择性地、重点地、较为深入地阅读，我们常常称之为"精读"。也就是指在老师的指导下，让学生对文中的重点词、句、段深入地品读感悟，从而使学生获得独特的感受，使其感悟文章的写法，实践单元语文要素的落实。那么，如何进行品读呢？

（一）扶——引导品读

低年级的阅读教学是整个小学阶段的初始，所以阅读教学的"扶"显得尤为重要，这需要老师的精心组织和耐心引导。在教学中，我一般会根据课后题精心设计教学问题，引导学生有目的地去品读，边读边悟，在文中找出问题的答案。例如在教《秋天》一文时，我首先出示第一个思考题：同学们注意到了吗，文中的"一"特别多，对此，你有什么发现呢？学生马上带着问题到文中进行“地毯式”的搜索，很快便圈出了文中的五个“一”字，并借助课文中的注音说出了自己的发现：“一”字的读音是不同的。然后我因学而导，指导学生准确读出文中“一”字的不同读音，落实这篇课文朗读的要求。最后，我再问同学们：这么美的秋天，你们喜欢吗？你们还见过什么样的秋天？在我指导朗读第3自然段“啊！秋天来了！”的基础上，学生七嘴八舌地说出他们眼里的秋天……

（二）放——自主品读

这里的“放”是相对于前面的“扶”而言的。当学生有了一定的阅读能力的时候，根据不同的课文内容，我们通常会运用这种“自主品读”的教学方式，让学生自主地感悟课文，领悟文章的写作方法。

1. 根据课后题自主感悟。部编版语文教材每一篇课文的课后题就是该篇课文的教学内容之一，也是教学重点，更是本单元的语文要素的训练点和落实点。因此，在让学生自读自悟的环节中，引导学生依据课后题来品读课文显得尤为重要。例如，结合三年级语文下册《肥皂泡》的课后题，可以让学生找出文中的好词佳句、含意深刻的语句，在旁边写上自己的评语。例如，好在哪里，为什么好，并让学生尝试运用多种方法理解这些难懂的句子。引导学生用“我知道了……”“我体会到了……”“我感受到了……”等形式记录自己的感悟，让学生学习自读自悟、赏析词句。这样就很好地落实了本单元语文要素的学习。

2. 用写学习收获的方式自读自悟。“学而不思则罔，思而不学则殆”。每学完一篇课文，我都会让学生写写学习课文后的收获，指导学生用“我知道了……”“我感受到了……”“我以后会这样做……”等形式来写写感受，谈谈收获，抒发情怀。这样不但可以逐渐丰富学生的情感、态度与价值观，培养学生健康向上的审美情趣，还能更好地落实语文的核心素养。如，我在教三年级语文上册课文《带刺的朋友》时，学生写出了这样的学习收获：我知道了小刺猬偷枣的本事真高明；作者刚开始非常好奇，然后感到非常吃惊，最后对小刺猬简直就是既钦佩又喜爱。

（三）先扶后放——合作品读

部编版教材的课文从中年级开始，课后题都会出现一些和同学们交流看法的内容。例如《小真的长头发》的课后题：想象一下小真的长头发还能变成什么？用来做什么？和同学交流，看谁的想法更奇妙，更有趣；又例如《剃头大师》的课后题：课文为什么用“剃头大师”作为题目？和同学们交流你的看法；还有《慢性子裁缝和急性子顾客》的课后题：假如裁缝是急性子，顾客是慢性子，他们之间又会发生怎样的故事呢？发挥想象，讲给同学听……类似这样的课后题，高年级的课文有很多很多，这时我们都会采用“合作品读”的教学方式，让学生在小组内有目的地品读交流，讨论看法，全班汇报。这样既加深了对文本的理解程度，又发展了学生的表达能力、口语交际能力和写作能力，真的是一举多得。

三、延读——阅读拓展，有机融合

部编版小学语文教材中的阅读教学更加注重课内学习内容的拓展与延伸，强化课内外联系，更加注重引导学生挖掘阅读内容，丰富阅读信息，把学生的阅读从课内辐射到课外。在教学中，我们用精读课文的阅读教学方式，让学生习得方法，在课末都会指导学生进行大量的阅读，以一篇带多篇的阅读方式让学生延伸阅读、拓展阅读，使课内课外阅读有机融合，共同促进学生阅读能力的提升。在教《秋天》一文时，我为学生准备了《秋风》和《秋雨》这两首小诗，让学生更深层次地了解秋天这一季节的景色特点。课外我还向学生推荐三年级的《秋天的雨》和《听听秋的声音》这两篇课文让学生阅读。

在学习《搭船的鸟》一文后，拓展阅读人教版教材中《翠鸟》一文，让学生对比作者不同的描写角度和语言的运用，使其更深入地了解翠鸟这种动物的特点，激发其对这种鸟的喜爱之情。

又例如，学习了文言文《守株待兔》，除了课后的阅读链接《南辕北辙》外，我还在课末让学生拓展阅读人教版教材中的寓言故事《守株待兔》，让学生读一读，比一比，想一想：这是怎么样的一个故事？文言文与现代文的寓言故事在表达上有何不同？更喜欢哪种表达方式？为什么？通过这样的对比阅读，让学生再一次感受文言文的韵味、特点，关注古今词义的不同。例如，文中的“走”是“跑”的意思，与现代汉语不同。然后让学生写一写学习收获：学了这个故事，我懂得了……最后推荐学生在课外阅读《买椟还珠》《郑人买履》《掩耳盗铃》等故事，让课内与课外阅读有机地融合在一起，实现以一篇带多篇的阅读教学目标。

因此，在阅读教学拓展中，学生要加深阅读的理解和体验，阅读范围广泛了，语文的素养才能从整体上有所提高。

阅读教学是语文教学的重要组成部分，因此，创设一个良好的语文阅读教学的环境也显得尤为重要。在阅读教学中，我们老师要加强引导，让学生真正走进文本，与文本进行直接的语言交流、情感交流。这样，整个阅读教学才会更高质，更有效。

参考文献

［1］张云志.阅读教学的有效方法：导、读、讲、练［J］.教育实践与研究，2000（8）.

［2］人民教育出版社，课程教材研究所，等.义务教育教科书 教师教学用书［M］.北京：人民教育出版社，2018.

第三章 优秀案例

1

《搭船的鸟》教学设计

（部编版小学语文三年级上册）

肇庆鼎湖逸夫小学 陈月容

【教材分析】

《搭船的鸟》是义务教育课程标准实验教科书语文三年级上册第五单元的开篇文章。本单元以“观察身边的事物”为专题，带领孩子们用心去观察、去感受身边美好的事物。本文讲述的是雨天作者和母亲搭船去乡下外祖父家，路上有只美丽的翠鸟搭了作者的船的事。作者认真地观察了这只美丽的翠鸟，用朴素、清新的文字记录下翠鸟漂亮的身姿和捕鱼的过程，字里行间充满童真童趣，洋溢着作者对大自然的喜爱。

【教学目标】

1. 正确、流利、有感情地朗读课文。

2. 通过描写环境、翠鸟的语句，了解“我”对翠鸟的外貌、动作所做的观察，感受“我”观察的细致，初步体会留心观察的好处。

【教学重、难点】

感受“我”观察的细致、描写的逼真。培养学生亲近自然、热爱自然的美好情感。

【教学课时】

两课时。（以下为第一课时）

【教学过程】

一、复习巩固，导入新课

1. 认读生词。

2. 阅读翠鸟的相关知识。

设计意图：检查学生对生字词的掌握情况，注重指导难字错字。以翠鸟的相关知识导入，加深学生对翠鸟的理解，文字介绍和图片的结合能引发学生的学习兴趣。

二、交流预习的发现

1. 学生自主汇报预习所知。

2. 交流“观察记录表”。（见附件1）

设计意图：学生主动汇报课前预习所知，为接下来的学习做好准备。鼓励学生课前积极思考、收集资料，帮助学生养成主动学习、认真思考的好习惯。表格的形式有利于培养学生梳理信息的能力。

三、品读课文，体会作者观察的细致（围绕“观察所得”，相机学习课文文段）

（一）关于环境

1. 学生汇报并出示语句：天下着大雨，雨点打在船篷上，沙啦、沙啦地响。船夫披着蓑衣在船后用力地摇着橹。

2. 那天天气怎样？从哪个词能体会到？（雨很大；沙啦、沙啦）

3. 指导朗读，读出雨之大及行船之难。

4. 词语积累与运用。选词填空：哗啦、淅沥、沙啦。

（1）春天来了，春雨（　　）、（　　）地下着。

（2）夏天来了，暴雨（　　）、（　　）地下着。

（3）天下着大雨，雨点打在船篷上，（　　）、（　　）地响。

设计意图：鼓励学生质疑，用问题来引导学生思考。通过对重点语句的理解，让学生感受雨势之大和行船之难。利用填空题的形式让学生积累文中的形声词，增加学生的词汇量。

（二）关于翠鸟

1. 观察外形，感受翠鸟的美丽。

（1）你知道这只鸟长什么样子吗？（生说后，师出示描写鸟样子的句子）

（2）读句子后，问：这是一只怎样的鸟？（美丽）为了突出翠鸟的美丽，作者根据观察所得，分别描写了它的什么？

（3）小结“先总后分”的写作方法。

（4）初步认识对比手法的运用。

（5）指导朗读，完成文段填空。

过渡语：站在船头的鸟儿到底做什么呢？难道它也要和我们一起坐船去外祖父家吗？（生答不是的，这只鸟只是搭了我们的船在捕鱼吃）那么文中又是怎样描写翠鸟捕鱼的情景的？

2. 观察捕鱼，体会动作的敏捷。

（1）文中是怎样描写翠鸟捕鱼的？（生说后，师出示鸟捕鱼的句子）

（2）齐读句子，问：翠鸟捕鱼的本领怎么样？给你留下怎样的印象？

（3）哪些词语体现了翠鸟捕鱼的动作敏捷？“一下子”“没一会儿”说明了翠鸟的动作怎么样？（分析副词及时间词的妙用）

（4）听师朗读文段，学生想象翠鸟捕鱼的画面。

（5）再读文段，完成文段填空。体会作者观察的认真、描写的逼真。

（6）欣赏翠鸟捕鱼的视频，进一步感受捕鱼动作的敏捷。

3. 课堂小结。

设计意图：理清文中的“先总后分”的写作方法，这有利于学生整体把握课文。抓住重点句子和动词，让学生感受翠鸟外形的美丽和捕鱼的快速。师指导朗读、师范读、生自读等多形式的读文，让学生在朗读中感受翠鸟的美丽，领悟作者的情感。观看视频进一步加深了学生对翠鸟的认识和对课文的理解。

四、拓展阅读，体会不同的写法

1. 出示短文《翠鸟》。

（1）认真阅读文章，填写下面的表格，体会作者观察的细致。

翠鸟	特点
外形	
鸣声	
动作	

（2）比较两篇同样描写翠鸟的文章，体会两位作者的观察点与描写。

2. 小结。

设计意图：进行阅读拓展，让学生体会到认真观察在生活中的重要性。进行对比阅读，在交流汇报中让学生习得丰富多样的描写方法。

五、观看《猫捉老鼠》的视频，认真观察，并完成表格（见附件2）

设计意图：充满趣味性的动画视频能够充分吸引学生的注意力，学生能主动、乐意地参与学习过程。观看视频的同时培养学生的观察力，让其用表格的形式有条理地写下自己的观察所得，落实单元的语文要素。

六、布置作业

1. 抄写自己喜欢的语句，并且背诵下来。

2. 继续观看《猫捉老鼠》的视频，认真地观察猫的动作，在“观察记录表”上简要地记录观察所得。（见附件2）

3. 把观察所得写成一篇观察小日记。（自主选择）

设计意图：注重字词句的积累。让学生动脑动笔写作，用本文习得的观察方法和描写方法完成作业，巩固本节课的知识。

七、板书设计

15　搭船的鸟

外形美丽：翠绿羽毛　　蓝色翅膀　　红色长嘴

动作敏捷：冲　飞　衔　站　吞

设计意图：精美的插画突出本文的主角——翠鸟，美丽的形象给学生留下了深刻的印象。简单扼要的文字体现了本节课的中心，重点突出。

附件1：课前预习

认真阅读《搭船的鸟》，填写“观察记录表”。体会作者观察的细致、描写的逼真。

观察对象	
观察时间	
观察地点	
观察所得 （摘抄相关的语句）	（1）关于环境 （2）关于翠鸟

附件2：

认真观察《猫捉老鼠》的视频（主要观察猫和老鼠的动作，也可以观察它们的表情），填写“观察记录表”。

观察对象	
观察所得	

2

《肥皂泡》教学设计

（部编版小学语文三年级下册）

肇庆鼎湖逸夫小学　黄秀英

【教材分析】

课文是一篇散文，讲述了作家冰心童年时玩吹肥皂泡的游戏的事。课文主要讲了这几个内容：小时候最爱吹肥皂泡；在下雨时节吹肥皂泡；吹肥皂泡的过程；肥皂泡美丽的样子；肥皂泡就像是美丽的梦，表达了冰心童年时对美好生活的向往。课文中冰心使用了大量自己创造的词语，这些词语描摹具体细腻，使课文极具生动的画面感。

【设计理念】

《肥皂泡》是一篇非常贴近学生生活而又高于学生生活的文章，文笔清新自然，情感真挚淳朴，意境深邃幽美。学习这篇文章，除了感受文章中语言文字的美，还应体会作者的情感和态度。因此在教学过程中，我以“读为本，读中理解，读中积累，读中悟情”的理念，摆脱“多余的情节分析，烦琐的提问设计”，让“读”贯穿教学的始终。我在语文教学中关注读的拓展，或以精彩片段拓展，或以某个感悟点拓展，拓展语文教学的空间与时间。因而，我在课末环节准备了一首小诗《母亲》，让学生在比较阅读、深入阅读中，更深刻地理解冰心的意与情。

【教学目标】

1. 认识9个字，会写12个字，读准多音字“和”。重点指导学生正确书写“廊、仰、越、若”等生字。

2. 能说清楚吹肥皂泡的过程，并学会运用一连串动词，把做一件事的过程说清楚。

3. 能用联系生活实际等多种方法理解难懂的词句。

4. 体会作者由肥皂泡产生的丰富想象，并能发挥想象说出肥皂泡还有哪些去处。

【教学重点】

1. 学会运用一连串动词，把做一件事的过程说具体。

2. 能用联系生活实际等多种方法理解难懂的词句。

【教学难点】

学会运用一连串动词，把做一件事的过程说具体。

【教学准备】

制作多媒体课件，准备肥皂水等吹泡泡的工具。

【教学过程】

一、课前互动，奠定学习之趣

课前五分钟，教师吹泡泡与学生一起互动。

设计意图：通过课前创设情境，师生一起互动吹泡泡，为引入本节课的学习内容做铺垫。

二、温故而知新，感知课文之意

1. 复习课文的生字词。

2. 同学们，刚才吹泡泡开心吗？我们吹的泡泡美吗？你想知道冰心吹的肥皂泡是什么样子的吗？今天我们就再来学习课文《肥皂泡》。

设计意图：复习生字词导入新课，为本节课的学习奠定基础。通过谈话激发学生兴趣，然后与作家冰心联系起来，这样就把学生和冰心之间的距离拉近了，把学生引入课文，激发他们的学习兴趣，紧紧抓住他们的注意力，使他们积极主动地参与学习。

三、品读吹泡泡内容，体会泡泡之美

1. 请学生打开书本第77页，快速默读课文第3—5自然段，用“——”找出描写肥皂泡样子的段落。

2. 根据学生的回答，教师出示第4自然段，让学生找出文段中形容泡泡样子的词语。（PPT出示：轻清透明　玲珑娇软……）

3. 指导学生能用联系生活实际、联系上下文等多种方法理解“五色的浮光、轻清透明、玲珑娇软、颤巍巍的、光影零乱”等词语。

4. 让学生观看PPT的泡泡图，感受作者的喜悦、难忘之情，相机板书：快乐、难忘。

5. 教师问：你还能想起用哪些词来形容你眼中的泡泡？（预设：五光十色、又大又圆……）

6. 指导学生抓住这些词语，再读文段，读出泡泡的美丽可爱！

设计意图：当场观察泡泡的样子，结合课文中的句子，使学生们对难懂的句子有直观的认识。既让学生感受作者的用词之妙，也让学生分享自己观察后联想到的词语及句子，使观察的感受更加丰富深刻，润物细无声地完成单元的训练点：用生活体验等来理解词句。

四、品读做泡泡内容，体验泡泡之趣

1. 教师说：这么漂亮、可爱的肥皂泡是怎样做出来的呢？

2. 自由读第3自然段做肥皂泡的句子，用"△"找出描写做肥皂泡的动词。

3. 根据学生的回答，出示相关句子，指导朗读，相机学习多音字"和"。

4. 出示填空题，让学生按课文内容填空。

先把（　　）剩的肥皂（　　）在一只小木碗里，再（　　）上点儿水，（　　），然后（　　）一支竹笔套管，（　　）上黏稠的肥皂水，慢慢地（　　）成泡，再轻轻地一（　　），那球儿便从管上落了下来，在空中飘游。

5. 根据所填的字词，你发现作者是怎样把做泡泡的过程写具体的？

6. 出示第3自然段的动词和连续词。（用……放……加……然后用……蘸……吹……再……提……落……）

7. 指导学生复述做肥皂泡的过程。

8. 小结：我们叙述一件事情的过程时，用上连续词，抓住人物的动作，这样既可以把事情的过程说清楚，又可以说得具体。

设计意图：注重语句的训练。上课伊始，老师示范吹泡泡，同时给学生提出观察要求：可以用"先……接着……然后……"叙述吹泡泡的过程。在学生自由吹泡泡之后，老师让学生畅所欲言，接着让学生观察情景视频，而且让学生边观察边说出微课视频的每一个动作，并用上连续词，趁热打铁，活学活用。接龙说句子可以让更多的学生参与进来。

五、展开想象，感受泡泡之美

1. PPT出示课文插图。

2. 指导学生朗读句子，指导理解：作者希望这些泡泡飞到哪里去呢？（简笔画：山巅、大海、草地）

3. 拓展说话：看着泡泡们飞到墙外，你还希望泡泡们能飞到哪里去？又落到哪里去？

4. 师生合作读文段。

设计意图：展开想象，出示小诗填空，指导学生用比喻、拟人的手法来说话，在重视句式训练的同时，注意设计的梯度，从易到难。在简单的像什么的想象基础上，进一步引导学生想象泡泡会飘到哪里去呢？给学生创设一个自由想象的空间，让学生敢思、敢想、敢说。

六、拓展阅读，点亮阅读之灯

1. 出示《繁星》节选小诗。

2. 教师朗读小诗，指导学生体会诗中表达的情感。

设计意图：在语文教学中关注读的拓展，或以精彩片段拓展，或以某个感悟点拓展，让学生在比较阅读、深入阅读中，更深刻地理解文章的意与情，拓展语文教学的空间与时间。我在课末准备了冰心的一首小诗，这再次激起学生对冰心作品的兴趣。我鼓励学生于课外走进冰心更多的作品中，从而达到课结束趣犹存的效果。

七、总结全文，指明课外阅读之路

1. 简单介绍《繁星》和《春水》。

2. 推荐学生阅读课本第79页“资料袋”列出的书。

设计意图：《义务教育语文课程标准》明确指出：“培养学生广泛的阅读兴趣，扩大阅读面，增加阅读量，提倡少做题，多读书，好读书，读好书，读整本的书，鼓励学生自主选择阅读材料。”因此，我在课末推荐《繁星》这首小诗，目的是激起学生的学习兴趣，让学生在课外遨游于书中。

八、板书设计，画龙点睛添色彩

20 肥皂泡

做　　吹　　想

快乐　　难忘

……

设计意图：课末小结时配上高山、大海、草地、肥皂泡等的简笔画，这样图文并茂、简洁明了的板书不仅把学生带进了文本，让学生更好地体会冰心童年时的情与义，还能再次激起学生的学习热情，达到课结束趣犹存的效果。

以学论教 重视导向

——小学语文优质课例《肥皂泡》赏析

肇庆鼎湖逸夫小学 陈月容

一、课例的整体介绍

《肥皂泡》是部编版教材小学三年级语文（下册）第六单元中的一篇课文，是我国著名作家冰心的作品。这是一篇非常贴近学生生活、易于激发学生学习兴趣的文章，文笔清新自然，情感真挚淳朴。童年时的冰心吹肥皂泡，不但吹出了快乐，吹出了情趣，还吹出了梦想，肥皂泡寄托了冰心对美好生活的向往。整篇课文预设授课两个课时，本课例是第二课时。根据本单元的人文主题“多彩童年”，落实本单元的语文要素“运用多种方法理解难懂的句子”。本课时要让学生说清楚吹肥皂泡的过程，并学会运用一连串动词，把做一件事的过程说清楚；能用联系生活实际等多种方法理解难懂的词句；还要让学生能体会作者由肥皂泡产生的丰富想象，并能发挥想象说出肥皂泡还有哪些去处。这节课从整体上来讲，完成了学习目标，课堂氛围良好，也注重了语文核心素养的培养。

二、分析该课例如何体现核心素养

语文的核心素养，主要包括“语言的建构与运用”“思维的发展与提升”“审美的鉴赏与创造”以及“文化的理解与传承”四个方面。

部编版语文教材主编温儒敏教授这么说“语文核心素养”的四个方面：

“语言的建构与运用”。这是语文学科独有的、具有本质意义的内容。《义务教育语文课程标准》要求学生在学习语言文字运用的过程中，建构语言运用机制，增进语文学养，努力学会正确、熟练、有效地运用祖国语言文字。

“思维的发展与提升”。强调学生通过学习语言的运用，能够获得几种思维能力的发展，这几种思维能力主要包括直觉思维能力、形象思维能力、逻辑思维能力、辩证思维能力和创造思维能力；另外，还有思维品质的提升，思维品质包括思维的深刻性、敏捷性、灵活性、批判性和独创性。

“审美的鉴赏与创造”。新课程标准给一线教学提了个醒：“健康向上的审美情趣”的培养，也是语文教育中的应有之义。

“文化的理解与传承”。《义务教育语文课程标准》要求：“学生在语文学习中，继承和弘扬中华优秀传统文化、革命文化、社会主义先进文化，理解与借鉴不同民族和地区的文化，拓展文化视野，增强文化自觉，提升中国特色社会主义文化自信，热爱祖国语言文字，热爱中华文化，防止文化上的民族虚无主义。”理解和尊重文化多样性，关注当代文化，学习对文化现象的剖析，积极参与先进文化的传播。

本节课例具体在哪些方面体现了核心素养呢？下面从以下几个方面进行分析。

（一）围绕单元的“双线结构”特点，制订了指向语文核心素养的教学目标

部编版语文教材在结构上最明显的特点是“双线组织单元结构”，即有“人文主题”和“语文要素”两条线索。本课围绕“多彩童年”这一主题，讲了儿童丰富的想象和美好的憧憬，同时在落实语文要素“运用多种方法理解难懂句子”的时候，黄老师以这“双线”为指导，制订了指向语文核心素养的教学目标。

语文核心素养之“语言的建构与运用”：能说清楚吹肥皂泡的过程，并学会运用一连串动词，把做一件事的过程说清楚；能用联系生活实际等多种方法理解难懂的词句。

语文核心素养之“思维的发展与提升”：体会作者由肥皂泡产生的丰富想象，并能发挥想象说出肥皂泡还有哪些去处。

这样的教学目标做到了一课一得，既不拘泥于人文主题，又特别注意语文知识和能力的落实，体现了单元教学中阅读、口语交际等方面的结合。

（二）大胆舍弃，精略得当，重组文本，有利于学生语文素养的养成

《肥皂泡》写的是冰心童年时代吹肥皂泡的经历。文章一共有五个自然段，介绍了肥皂泡的吹法，描写了肥皂泡的颜色、形状以及变化，也写了吹肥皂泡时作者的心情和美妙的想象。在第一、第二自然段，作者先讲述了自己小时候最爱玩的游戏是吹肥皂泡。接下来，作者以细腻的笔触，用三个段落细致地描述了吹肥皂泡时的情景，以及从中体验的无限快乐。在教学中，黄老师并没有遵循普通的教学顺序，从第一自然段顺下来讲至

最后一段，而是掐住文中重点内容，直奔主题，毫不拖沓。重点精细地讲解第三、第四自然段，先鼓励孩子们结合生活实际说说自己对文中描写肥皂泡词语的理解，紧接着趁热打铁，马上追问“这样美丽的肥皂泡是怎样吹出来的？”紧接着运用抓关键字词、挖空重现动词、仅提示动词引导学生复述制作肥皂泡的过程、模仿吹泡泡等教学方法，让孩子们欢乐地了解了肥皂泡有趣的制作过程。

这样巧妙地把课文的讲述顺序稍做调整，先果后因，整个过程顺承自然，过渡自然。特别是在处理第一、第二自然段的时候，在授课过程中，这两个自然段看似没有全文出示，看似被舍弃，实则却成为本堂课课文主旨升华的最佳“药引”。

这样的处理，侧重点突出，利于学生对文本的理解和对知识的运用，更有利于学生语文素养的培养。

（三）以读为线，自然贯穿课堂教学，有利于学生朗读能力的提高

在课堂教学中，黄老师非常注重朗读的训练与指导，且扎实到位又高效，整个课堂由始至终都是朗朗的读书声。从一开始的“读出自己的声音”“读出自己的感受”到默读、师生合作读、老师指导读、男女互读到最后高潮部分的小诗配乐读，各种朗读方式自然交叉，逐步引导孩子们理解关键字句，不断感悟文中的感情主线，在课文教学意境逐步形成之际，顺利升华了本文的情感主旨，悄无声息地突破了重难点。黄老师课上以声传声，以情激情，诱发学生情感上的共鸣，借助读加深词句理解，借助读升华情感，借助读体会意境，通过让学生反复读，把学生带入冰心奶奶的肥皂泡的世界里，把课堂推向了高潮。这样的设计，这样的教学，学生的阅读能力也在训练中形成了。

（四）抓准训练点，把语文的工具性落到实处，这有利于学生语言能力的形成

1. 指导学生用多种方法理解难懂的句子。课文中有些句子本身的意思难以理解，有些句子字面意思不难，但只有理解了它们的内在含义，才算真正读懂了这些句子。黄老师在教学中非常巧妙地引导学生运用“联系上下文、联系生活实际”等方法来理解这些难懂的句子。例如在学习“这肥皂泡，吹起来很美丽，五色的浮光，在那轻清透明的球面上乱转”这句话时，黄老师

让学生吹肥皂泡，在实物中直观地感受肥皂泡的色彩缤纷、轻盈透明，很巧妙地帮助学生理解了这个难懂而抽象的句子。

2. 创设情境，让学生进行说话训练。大家知道，“复述”的训练要求，从一年级到三年级是螺旋上升、循序渐进的。本课的课后练习1：用自己的话说说吹肥皂泡的过程。黄老师为了落实这项训练，培养学生系统、有序地说的能力，设计了有坡度的复述练习：第一层次说，按课文内容填动词；第二层次说，加上表示先后顺序的词，再填空复述；第三层次说，借助动词复述文段。这样的设计，由易到难，让不同层次的学生都得到“说”的训练，让学生熟练掌握语言技能，并且在训练中注重了“学生的高雅的言谈举止”的培养，扎实地落实了这一语文核心素养。

三、谈谈这节课例还需改进的地方

1. 可以进一步加强学生语言表达的训练。例如，孩子们说到泡泡去哪了，去做什么了，老师可以适时引导——“孩子们，这些美丽的泡泡穿洋过海去过好多地方，它会像人一样说话……”，引导孩子从拟人的角度思考，答案可能会更出彩。

2. 可以尝试借助思维导图进行阅读，这样能够大大提高学生的理解能力和记忆能力，还能提高学生对文本信息的获取、筛选能力以及分析、判断、评价和鉴赏的能力，这对于学生逻辑性思维和创造性思维的发展都有巨大帮助！

四、根据课堂教学结构划分片段，逐一进行点评

（一）温故而知新，感知课文大意

巧借课前互动，拉近同学生的距离。“好的开始，成功的一半”，一节课的导入非常重要。在课前谈话内容的设计上，黄老师不拘泥于设计，而是在自然而然、亲切的谈话间，先了解了孩子们当下熟悉的游戏，紧接着马上交换角色，切入自己30年前童年时代流行游戏的介绍，配上富有年代感的图片以及舒缓的音乐，黄老师娓娓道来，感情饱满，孩子们仿佛已经走进了她的童年时代。最后，一幅吹泡泡的图片，却又奇妙地引起了孩子们的共鸣，孩子们几乎异口同声地说：“我也玩过这个！”到这里，课前谈话的目的达到了。黄老师的课前谈话为课文教学铺垫了非常饱满的情绪环境以及激发了孩子们的求知欲。随后她问同学们：“作者吹的泡泡和我们所说的肥皂泡一样吗？”这样的导入无疑是非常成功的。此环节的教学，黄老师主要采取了话题交流的引入法，让学生初步感受到了童年生活，即游戏的乐趣，也很自然地引入了本节课的学习内容。同时这个环节注重了学生思维品质的培养，激发了学生的学习兴趣和学习欲望，提高了学生的学习热情。

（二）品读吹泡泡内容，体会泡泡之美

教学中，黄老师首先让学生自由读课文，边读边想，并找出描写肥皂泡样子的段落。接着根据学生的回答，相机出示课文第4自然段，引导学生找出文段中形容泡泡样子的词语，再让词语回归到句子中，指导学生用“联系生活实际、联系上下文”等多种方法去理解词语和所在的句子。然后创设了师生一起吹泡泡的情景，让学生亲身感受作者的喜悦、有趣、难忘，最后指导学生有感情地读文段。

在本环节中，黄老师首先让学生采用自主学习法，使其在读课文的过程中抓住重点词语，自读自悟，从中感受作者对吹肥皂泡这个游戏的喜爱之情，然后借助现场让学生观察泡泡的样子，结合文中的句子，使学生对难懂的句子有直观的理解。

最后的环节中，黄老师让学生采用品读感悟、读中想象等方式更好地融入课文情境中，真正感受吹肥皂泡的无限乐趣。在这个教学片段中，黄老师注重了语文核心素养中“语言的建构与运用”“思维的发展与提升”这两方面的落实。我们知道，学生的阅读能力不是一节语文课就可以训练成的，这是需要一个过程的。黄老师注意了教学生学会精读一篇课文，因为精读能够使学生对文章中的内容有更深的理解，进而能够得出自己的分析和理解。这样，学生的阅读能力在每节语文课的训练中就慢慢形成和提高了。

在这个教学片段中，黄老师还非常注重让学生品味课文的语言。叶澜教授说过，“学语文要把语言文字变得鲜活起来，变成孩子能够看得见能够理解的东西”。说得明白一点，就是将语文中的语言内化成学生自己的语言。语文课应让学生体验到文字背后的生活，感受到文字背后的精彩。课上，黄老师注重引导学生体会作者用词的恰当，并引导学生联系生活实际去理解。通过比较，学生真正体会到作者用词的准确，如“轻清透明”“玲珑娇软”“光影凌乱”“颤巍巍”“扯”等。

（三）品读做泡泡内容，体验泡泡之趣

在课堂上，当学生有点疲惫的时候，黄老师先用一个质疑再次调动学生的兴趣：这么漂亮的、可爱的肥皂泡是怎样吹出来的？你们想试试吗？学生不约而同地回答“想”。这样很自然地过渡到了第3自然段的学习：做肥皂泡水以及吹肥皂泡的过程。然后黄老师着重抓住文段中的动作词和先后顺序词，有梯度地指导学生复述吹肥皂泡的过程。老师示范吹泡泡，同时给学生提出观察要求：可以用“先……接着……然后……”想想吹泡泡的动作。接龙说句子让更多的孩子参与进来。学生明白了叙述一件事情的过程时，用上连续词，抓住人物的动作，这样可以既把事情的过程说清楚又说得具体。这样的设计，学生自主参与，合作探究，语言的表达能力得到了充分的训练，很好地落实了语文的核心素养。

（四）展开想象，感受泡泡之美

爱因斯坦曾说：“想象力比知识更重要。因为知识是有限的，而想象力概括着世界上的一切。”在本环节中，黄老师首先出示小诗，在重视句式训练的同时，注意了设计的梯度，从易到难，在简单的“像什么”的想象基础上，进一步引导学生“泡泡会飘到哪去呢”，给学生创设了一个自由想象的空间，让学生敢思、敢想、敢说，然后借助反复朗读，丰富学生的想象力，让学生读出画面，读出意境。这样的想象，让孩子们的情感又一次得到了释放，使课堂再次焕发出生命的活力，更好地落实了“体现学生健康向上的审美情趣”的语文核心素养。最后，这些美好的想象通过黄老师的粉笔展示在黑板的简笔画中，实在太美了！

（五）拓展阅读，点亮阅读之灯

本环节中，黄老师首先出示《繁星》节选小诗；然后黄老师朗读小诗，指导学生体会诗中表达的情感；最后简单介绍《繁星》和《春水》，推荐学生阅读书本第79页“资料袋”中列出的书。新课标要求在语文教学中关注读书的拓展，或以精彩片段拓展，或以某个感悟点拓展，让学生在比较阅读、深入阅读中，更深刻地理解文章的意与情，拓展语文教学的空间与时间。新课标更明确指出：培养学生广泛的阅读兴趣，扩大阅读面，增加阅读量，提倡少做题，多读书，好读书，读好书，读整本书。鼓励学生自主选择阅读材料。因此，黄老师在课末推荐了一首小诗《繁星》，这再次激起学生对冰心作品的兴趣，鼓励学生课外走进冰心更多的作品，从而达到课结束、趣犹存的效果，课外让学生走进书中遨游。课内外阅读的深度融合，更好地落实了语文核心素养中的“文化的理解与传承”。日积月累，厚积薄发，学生的语文素养必定会不断提高。

以上我从四个方面对课例《肥皂泡》进行了赏析。

综上所述，我们知道了小学阶段阅读教学的重点要从阅读素养逐步转移到阅读理解和词汇积累上，在教学中要注意根据课文的语言环境，引导学生在读中理解，并在语言环境中初步理解语文基础知识，提升语文综合能力，养成良好的学习习惯，为终身学习奠定基础。在新课程理念的影响下，在培养学生核心素养的前提下，我们在课堂上要以学论教，重视导向，运用各种教学方法，不断探索创新的有效手段，促进学生语文素养的提高。这样，小学语文的教育教学目标得到实现，也就是学生的核心素养得到培养。

2020年3月

3

《剃头大师》教学设计

（部编版小学语文三年级下册）

肇庆鼎湖逸夫小学　陈丽萍

【教学目标】

1. 流利、有感情地朗读课文。

2. 理解老师傅和“我”给小沙剃头过程的不同，体会小沙前后不同的表现，感受童真童趣，激发对童年生活的无限喜爱、留恋之情。

3. 能运用多种方法理解难懂的词语和句子。

【教学重、难点】

1. 理解老师傅和"我"给小沙剃头过程的不同，体会小沙前后不同的表现，感受童真童趣，激发对童年生活的无限喜爱、留恋之情。

2. 能运用多种方法理解难懂的词语和句子。

【教学过程】

一、激趣导入，讲解剃头

1. 小游戏："我说你猜"，引出剃头大师。

PPT显示：胆小鬼、小书虫、小问号、乐天派、热心肠。

导入：孩子们，前面我们已经理解了那么多词语，现在谁来说说这个词语是什么意思呢？（PPT显示：剃头大师）个别学生回答。

师：是的，剃头大师就是指一个人剃头的技艺很高超。那么剃头能不能换个说法？（引导学生回答：理发）对的，但是剃头比理发更有年代感。剃头需要用到两把工具，一把剃刀，一把推剪。用文中的话来说，就是……（PPT显示：一把磨得锃亮的剃刀 一把老掉牙的推剪）

2. 讲解剃头需要的工具，出示图片，理解"锃亮""老掉牙"这两个词语。

师：锃亮是什么意思？大胆地猜一猜、想一想。（个别学生回答）一个"亮"字告诉我们是反光、发亮的。那么老掉牙是什么意思？（个别学生回答）一个"老"字告诉我们这是陈旧的。这样的推剪你用过吗？（学生回答）别说用过，我们见都没有见过。这些已经过时了，就可以称为"老掉牙"。

3. 总结方法：抓住重点字眼理解词语。

二、自由读文，整体感知

1. 自由读文，找出谁是剃头大师，谁是"害人精"。

（板书：剃头大师——"我" "害人精"——老师傅）

师：课文读完了，你们一定知道谁是剃头大师，谁来说？你在哪里找到了答案？大家一起看第12自然段，齐读这句话。（个别学生回答）（板书：剃头大师——"我"）同样给小沙剃头，另一个人却有不同的称呼，谁来告诉我

们？（个别学生回答）指导学生找到第3自然段和第6自然段。（板书："害人精"——老师傅）

2. 交流相关的语句。

齐读重点句子——最让小沙耿耿于怀的是，每次剃完头，姑父还要付双倍的钱给"害人精"。

3. 理解词语"耿耿于怀""夺门而逃"。

师：这里出现了一个新的词语——耿耿于怀。谁来说说你的理解？（个别学生回答，没人回答就老师引导）当遇到难懂的词语，我们可以联系上下文来理解。来，读读上面画横线的句子，"这一会儿痛一会儿痒的，跟受刑一样"。剪头发一会儿痛一会儿痒，舒服吗？痛快吗？不舒服，不痛快，还要付双倍的钱给"害人精"，这件事，你能忘记吗？（生回答不能）那这就是耿耿于怀的意思啦。事情在心里难以排解，在文中指的是老师傅给小沙剃头发，让小沙又痛又痒，小沙还要付双倍的钱。这件事让小沙难以释怀。

师：其实小沙对老师傅的耿耿于怀已经不是一天两天了。读读这个句子，"小沙每次都是被姑父押进理发店的，而且，姑父还得执一把木尺在一旁监督，否则，小沙准会夺门而逃"。夺门而逃，一个"门"字告诉我们往哪里逃？（门外）那么"夺"字在这里是什么意思？猜一猜、想一想。（个别学生回答）当一个字我们猜了、想了，还是不确定的时候，就要查查字典了。当我们查字典的时候，会发现"夺"字有很多意思，那么在这里"夺"字是什么意思呢？（学生一起回答）

4. 小结方法：联系上下文理解词语、查字典。

三、研读文本，重点感悟

1. 默读课文，找出老师傅和"我"给小沙剃头的过程的相关语句。

2. 品悟老师傅给小沙剃头的过程，体会小沙剃头的感受。（痛、痒）

重点体会：痛、痒。师："它常常会咬住一绺头发不放"，一个"咬"字告诉我们什么？头发被"咬"住，人有什么感受？（个别学生回答）"这还不算，老师傅眼神差了点儿，总把碎头发掉在小沙的脖子里"，平时剪头发，碎头发掉在脖子里，你有什么感受？（个别学生回答）你想想，剪头发一会儿痛一会儿痒的，你最想做什么？（生：想走，不想剪）对啊，因为这跟受刑一样呀！

3. 多种形式指导朗读：师范读、生表演读、齐读。

4. 品味“我”剃头技艺的“高超”。

师：我先把姑父的大睡衣给他围上，再摆出剃头师傅的架势，嚓嚓两剪刀，就剪下一堆头发。“嗬！”小沙高兴了，“你真把头发剪下来了！”我觉得自己像个剃头大师，剪刀所到之处，头发纷纷飘落，真比那老剃头师傅还熟练。孩子们，“我”给小沙剪头发，疼吗？痒吗？不疼不痒，小沙还特别——（生：高兴）是啊。现在我们来比较一下。

5. 对比老师傅和“我”给小沙剪头发的不同。

师：绿色的部分是老师傅给小沙剃头，白色的部分是“我”给小沙剃头。我们来读一读，比较一下。一二组读绿色部分，三四组读白色的部分。乍一看，“害人精”还是挺害人的，剃头大师真的有大师的风范。但是，“我”这个剃头大师剪出来的效果怎么样呢？我们一起来看看。

设计意图：通过个别读、小组读、师生合作读等方式，来训练学生的朗读能力，同时在读中体会小沙的“痛”和“痒”。对比老师傅给小沙剃头和“我”给小沙剃头的过程，对比描写让学生更加直观地感受到“我”这个剃头大师技艺的“高超”。学会对比文中人物的情感，为文中的“1”到群文的“X”找到一个衔接点。

四、品味效果，拓展延伸

1. 自由朗读文段。

2. 分析重点句子，体会剪出来的效果。

师：“我”把小沙的头发剪成这样，为什么还说小沙是世界上最优秀的顾客？（个别学生回答）我们同样可以联系上下文来理解。小沙剪头发要求高吗？要求多吗？（生：不高，不多）他只有一个要求，是什么呀？（生：不要剪到耳朵）你们平时在哪里剪头发呀？叫谁给你们剪头发？（理发店——理发师，家里——爸爸妈妈）是的，我们都会叫经验丰富的人来给我们剪头发。我们还会告诉理发师我们要剪得很帅很美。但是小沙没有这样的要求，所以“我”说小沙是世界上最优秀的顾客。就是因为有小沙这样的优秀顾客，所以“我”才能随意乱剪，“我”就把头发剪成这样了。（引导学生读下一段）

3. 理解“层层梯田”。

师：层层梯田是什么意思？（个别学生回答）就像我们平时上楼的楼梯。是的，孩子们，当我们遇到不认识的词语的时候，要学会结合自己的生活来理解。

4. 小结方法：结合生活实际来理解词语。

5. 出示图片，仿句说话：一眼望去，……，像……。

6. 理解“我”为什么说“世界上再没有比他更优秀的顾客了”。

设计意图：让学生学会运用结合生活实际的方法来理解词语、句子。同时，说话造句环节的设计，有利于培养学生的想象能力和口头表达能力。学生从文中的“1”中获得学习能力，更有利于学习群文的“X”。

五、总结全文，升华主题

1. 课文为什么要以“剃头大师”为题目？

师：到最后，我们可以发现，真正的“害人精”其实是“我”，而老师傅才是剃头大师，不然姑父为什么要付双倍的钱给他呢？（板书）既然“我”把小沙的头发剪得这么难看，为什么课文还要用“剃头大师”做题目呢？（个别学生回答）其实呀，用“剃头大师”做题目是一种幽默的表达方式，这么有趣的题目更容易引起人们的阅读兴趣。

2. 点明主题：童真童趣（板书）

设计意图：扣题导入，结题而出，“剃头大师”是文旨与文趣所在，课文为什么用“剃头大师”作为题目，不能不探究一下。通过学生的交流，检验他们读书是否“识趣”和“解味”，进一步升华文章主旨和单元主题。

六、推荐阅读，课后延伸

1. 把故事讲给家人听。

2. 推荐秦文君更多的儿童文学作品。

设计意图：《义务教育语文课程标准》关于阅读教学的实施建议，强调“要重视培养学生广泛的阅读兴趣，扩大阅读面，增加阅读量，提高阅读品味”，倡导“多读书，好读书，读好书”。所以，教学中教师要有意识地由此及彼，由一篇带多篇，由课内延伸至课外，把学生真正引导到读书的“快车道”上，使课文的“1”和群文的“X”彼此交会，无限延伸。

七、板书设计

19 剃头大师

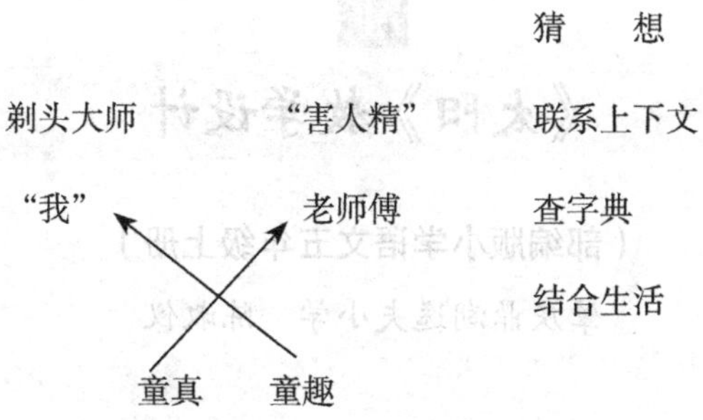

设计意图：板书是课堂的重要组成部分，是辅助教师进行教学的有效手段，能够帮助学生明确课文中心、巩固知识，能够培养学生写作整洁、思路清晰的良好习惯，同时能够激发学生的学习兴趣，提高课堂效率。

《剃头大师》教学反思

小沙天生害怕剃头，谁给他剃头，他就骂人家“害人精”，剃头时，他爸爸要执一把木尺在一旁，以免小沙夺门而出。给他剃头的是一个老师傅，老师傅给人剃头又痛又痒。有一次，小沙为了躲避老师傅，让“我”给他剃头，“我”给小沙剃了个光头，非常滑稽。“剃头大师”是一种自嘲，文中的“我”并没有剃头的经验，小沙只是用“我”来摆脱“害人精”的“折磨”罢了。

标题是一篇文章的“眼睛”。读书伊始，教师指导学生抓住题眼，把握全文，将“剃头大师”和“害人精”两个人物进行对比，使学生既理解了“剃头大师”一词的意思，又理解了“害人精”这一词语的意思。

本文的学习重点是指导学生用联系上下文、查字典、结合生活等方法理解文章的重点词语和句子，紧扣文本，做好“1”的巩固。文章最后推荐了秦文君的优秀书籍，这些书籍能够扩大学生的阅读面，增加学生的阅读量。教师有意识地由此及彼，由一篇带多篇，由课内延伸至课外，把学生真正引导到读书的“快车道”上，使课文的“1”和群文的“X”彼此交会，无限延伸。

4

《太阳》教学设计

（部编版小学语文五年级上册）

肇庆鼎湖逸夫小学　陈淑仪

【教学目标】

1. 学习第4—8自然段，品读句子，感受太阳与人类的密切关系。

2. 进一步了解说明文的特点以及说明方法。

3. 拓展文章《马背上的太阳》，激发学生学习自然科学的兴趣。

【教学重、难点】

1. 认识人类与太阳的密切关系。

2. 拓展文章《马背上的太阳》，激发学生学习自然科学的兴趣。

【课前准备】

1. 制作PPT。

2. “煤炭形成”的视频。

【教学过程】

一、复习导入，巩固知识

1. 再次走进文本，学生读课文。

2. 请回忆上节课学习的内容，太阳有什么特点？

3. 巩固练习。

设计意图：通过复习，巩固和检测上节课所学的知识，为本节课阅读教学打好基础。

二、细读课文，交流收获

1. 读句质疑。

2. 出示读书提示：朗读第4—7自然段，想想课文从哪几方面介绍太阳和人类的关系是非常密切的。用横线画出太阳和人类的关系非常密切的句子。

设计意图：通过问题引导学生读课文，培养学生独立思考问题的习惯，画出太阳和人类的关系密切的句子，从而提高学生解决问题的能力，再进一步提高他们自学的能力。在高年级的阅读教学中，应该大胆放手让学生自主学习，让他们形成良好的阅读习惯，进而将习惯运用到课外阅读当中。

三、品读句子，感受密切

（教师根据学生的回答，相机学习有关文段）

（一）品读“太阳与动植物生长有密切关系”的句子

1. 朗读句子。

2. 太阳与什么有密切关系？

3. 找出感受关系密切的词语。

4. 用“如果……就……”说一句话。

5. 出示图片：庄稼、树木、动物、吃穿等图片，感受这些事物与太阳的密切关系。

设计意图：通过图片的直观感受、重点词语，让学生再次体会理解“太阳虽然离我们很远很远，但是它和我们的关系非常密切”这个句子。在阅读教学中尊重学生的阅读体验，正所谓一千个读者就有一千个哈姆雷特，教师应当引导学生，让学生深入感受文章含义。这样就不会削弱了学生的阅读兴趣，还能提高学生的阅读素养。

（二）品读“太阳与能源形成有密切关系”的句子

1. 通过“好像”一词感受说明文用词的准确性。

2. 通过视频感受“煤炭的形成过程”。

3. 朗读句子。

4. 出示多种能源图片，让学生感受没有太阳，能源也不复存在。

设计意图：学生生活经验少，通过观看视频能让他们了解埋在地底下的能源形成的过程也离不开太阳。

（三）品读“太阳与自然气候有密切关系”的句子

1. 男女合作读句子。

2. 太阳与哪些气候有关系？

3. 怎样形成雨、雪、风？请你们根据句子意思，同桌之间说一说。

4. 学生当解说员，老师出示示意图。

设计意图：本环节让学生先与同桌说一说气候的形成过程，再让学生根据老师出示的示意图，来当一回解说员，把三个气候的形成过程说一说，让学生更加深入地体会气候与太阳的密切关系。在阅读教学中应当培养学生主动积极地参与课堂的能力，让孩子参与到课堂中来，成为课堂的小主人，这样他们才会更有兴趣学习。这是一个积极的阅读教学策略。

（四）品读“太阳与预防和治疗疾病有密切关系”的句子

1. 全班齐读句子，感受说明文语言的简洁性。

2. 联系生活说说有关太阳能杀菌的例子。

3. 太阳光为什么能杀菌呢？出示有关资料。

设计意图：通过资料袋的出示、生活例子的讲述，学生会更加理解太阳与我们有着非常密切的关系。

（五）小结

1. 总结与太阳有密切关系的四个方面。

2. 引导学生理解第4自然段第一句话的作用。

四、引导想象，拓展说话

1. 引导学生展开想象，拓展说话：如果没有太阳，________________。

2. 导读第8自然段。

五、课文小结，拓展阅读

1. 课文小结。

2. 拓展阅读《马背上的太阳》。

设计意图：拓展阅读能够激发学生学习自然科学的兴趣。《义务教育语文课程标准》强调：“语文课程应植根于现实，面向世界，面向未来”“使学生能较熟练地运用略读和浏览的方法，扩大阅读范围，拓展自己的视野”。我们教师在阅读教学中应创造性地运用“1+X”的阅读策略，开拓学生的思维空间，提高学生的阅读理解能力，使其形成良好的阅读习惯。

六、课外作业，自学自悟

1. 上网查找关于太阳的其他知识。

2. 预习第17课，找一找你知道的说明方法。

七、板书设计

16 太阳

动植物生长　　　　能源形成

自然气候　　　　预防和治疗疾病

非常密切

小学语文阅读教学策略中的课外拓展

苏联教育家苏霍姆林斯基曾说过这样一句话：“课外阅读，用形象的话来说，既是思考的大船借以航行的帆，也是鼓帆前进的风。没有阅读，就既没有帆，也没有风。阅读就是独立地在知识的海洋里航行。”课外阅读拓展在教学中起着关键作用。在说明文《太阳》这课的教学中，我进行了拓展阅读，选择的文章是《马背上的太阳》。

课外阅读拓展应选择合适的文章：我选取一篇说明文进行拓展阅读，让学生学会迁移。课外阅读拓展，文章的选择是首要环节，文章越适合就越能激发学生的阅读兴趣，达到巩固知识的效果。

课外阅读拓展的问题设计应符合学生的年龄特点：每个学段的学生都有不同的特点，问题的设计要合理，要符合学生的最近发展区。

课外阅读拓展能促使学生养成阅读习惯：课外阅读拓展应贯穿在每节阅读课的教学中，其能够潜移默化地使学生养成良好的阅读习惯。

5

《鱼游到了纸上》教学设计

（部编版小学语文四年级下册）

肇庆鼎湖逸夫小学　黄秀英

【教材简析】

《鱼游到了纸上》的大概内容是作者在西湖玉泉看鱼时，发现了一位举止特别的青年，经过多次观察，作者不仅发现他所画的鱼活灵活现，还发现了他是一位聋哑人，所以钦佩之情油然而生，在叙事的同时表达了自己的思想情感。

【设计理念】

这是一篇精读课文。在第一课时认识生字、理解新词、初读课文的基础上，本节课力求体现以读为主、自读自悟的教学理念，通过作者对聋哑青年看鱼、画鱼的描写，感悟青年勤于观察、刻苦练习的优秀品质，让学生在自主阅读、自悟表达中提高语文素养。教学时我从整体入手，了解内容；紧扣课题，理清主线题目；精讲重点词句，长文短教，体会作者感情变化；把握时机，拓展阅读《胸有成竹》，让学生学习聋哑青年和文与可忘我的学习态度，培养学生做事勤奋、专注的品质。

【教学目标】

知识与技能：

1. 认识4个生字，会写11个生字，正确读写“花、港、清澈、一壶茶、一丝不苟”等词语。

2. 正确、流利、有感情地朗读课文。

3. 培养学生的阅读能力，学习作者观察和描写人物的方法。

过程与方法：

1. 通过关键句段读懂鱼为什么会游到了纸上。

2. 以读促思，以读代讲。

情感、态度和价值观：

1. 学习聋哑青年忘我的学习态度，培养做事勤奋、专注的品质。

2. 培养学生的学习兴趣、善于与人合作的态度，培养学生的问题意识。

【重点与难点】

1. 引导学生从语言文字中体会文章说明的道理。

2. 理解“鱼游到了纸上”与“鱼游到了心里”的关系。

【课前准备】

媒体课件；在黑板上画好一条金鱼（简笔画）。

【课时安排】

两课时。

【教学过程】

一、激疑归“静”

1. 课件呈现：那位青年在静静地画画。他有时工笔细描，把金鱼的每个部位（一丝不苟）地画下来，像姑娘（绣花）那样细致；有时又（挥笔速写），很快地画出金鱼的动态，仿佛金鱼在纸上游动。没想到，这位画技高超的青年，竟然是个（聋哑）人。

2. 请学生填空。

3. 请按照这段话的顺序，把括号中的四个词语默写下来。

4. 让学生对照大屏幕，自己检查校对，写错的马上改正。

5. 读一读这段文字，让学生说说想到了哪些问题。

预设问题：

（1）聋哑人为什么画得那么好？

（2）为什么他的画技还那么高超？

（3）他画鱼的过程中碰到过哪些困难？他是怎样克服的？

（4）如此高超的画技，那位聋哑青年是怎么练成的？

6. 出示问题：聋哑青年练画功的秘诀是什么？

设计意图：在这一环节中，让学生充分发表自己的见解，多给学生思考、交流的机会，培养学生提出问题、解决问题的能力，让每个学生都动起来，克服课堂上教师活动多、学生活动少的弊端。

二、比照悟“静”

1. 让学生带着问题读课文，找一找聋哑青年练画功的秘诀。

2. 默读课文，教师巡视。

3. 学生同桌之间相互交流。

4. 根据学生的回答，理解句子1（预设）：他老是一个人呆呆地站在金鱼缸边，静静地看着金鱼在水里游动，而且从来不说一句话。

5. 指导说话：对比自己平时到公园看鱼，说说与“那位青年”有什么不同之处。

6. 小结板书：全神贯注。

设计意图：此环节的设计意在引导学生通过不同的方式体会词句内涵，打开学生情感的闸门，以心感悟文本，提升学生的情感体验，达到与作者产生共鸣的效果。中间不失时机地穿插朗读指导，使学生在读中加深理解，在理解中读出感情。这也为突破本课的难点，做好情感的积淀。

三、呈像入“静”

1. 请学生再次默读课文，寻找新的聋哑青年练画功的秘诀。

2. 学生默读课文。

3. 根据学生的回答，理解句子2（预设）： 他告诉我，他学画才一年多，为了画好金鱼，每个星期天都到玉泉来，一看就是一整天，常常忘了吃饭，忘了回家。

4. 指导朗读。

这是一个烈日炎炎的星期天，只见这位青年……

这是一个大雨滂沱的星期天，只见这位青年……

这是一个寒风凛冽的星期天，只见这位青年……

5. 小结板书：持之以恒。

设计意图：通过这样一个创设情境的朗读，让学生体会聋哑青年爱鱼如痴、观鱼似醉的状态，使学生增进感悟，深化情感，又能更好地理解"先游到了我的心里"这句话，从而更好地突破难点。

四、索隐参"静"

1. 师：同学们，这样呆呆地看，这样静静地看，这样从来不说一句话地看，这样长时间地看，他烦不烦？请学生再一次默读课文，寻找依据。

2. 学生默读课文，教师巡视。

3. 根据学生回答，理解句子（预设）：

（1）他好像和游鱼已经融为一体了。

（2）他告诉我，他学画才一年多，为了画好金鱼，每个星期天都到玉泉来，一看就是一整天，常常忘了吃饭，忘了回家。

（3）他笑了，笑得那么甜。他接过笔在纸上又加了一句："先游到了我的心里。"

（4）我仍旧去茶室喝茶，等到太阳快下山才起身往回走，路过后院，看到那位青年还在金鱼缸边画画。他似乎忘记了时间，也忘记了自己。

4. 理解：融为一体。

5. 小结板书：忘我境界

6. 配乐朗读：他老是一个人呆呆地站在金鱼缸边，静静地看着金鱼在水里游动，而且从来不说一句话，常常忘记了吃饭，忘记了回家，忘记了时间，也忘记了自己。他爱鱼到了忘我的境界。

设计意图：指导学生反复朗读，让学生理解只有把鱼记得牢，才能把鱼画得活的道理。

五、明理养"静"

1. 师：（指着黑板上的课题）有了这样的境界，才有这样的功夫——

鱼游到了纸上（指导朗读）。

2. 请问，游到纸上的只是鱼吗？还有什么？（板书：心）

3. 指导朗读。

4. 小结全文，作者通过"（观察）看—听—问"的方法，使聋哑青年的优秀品质跃然纸上。

5. 拓展说话：假如你就在玉泉，就在聋哑青年的身边，此时你想对他说什么？

设计意图：引导学生想象，拓展说话练习，引导学生从想象中感受年轻人对美的追求，体会聋哑青年做事勤奋、专注的品质。使学生将不懂的弄懂，不会的学会，从不会学达到会学。在学生理解的基础上，教师采用引读的方法，使学生的情感得到升华。

六、拓展阅读，升华情感

1. 出示课件：《胸有成竹》的故事。

2. 研读问题：北宋画家文与可为什么能做到胸有成竹呢？

3. 小结本课的观察方法：看—听—想。

设计意图：拓展延伸环节使学生进一步体会、学习勤奋、专注的品质，这也体现了读写结合的教学理念。

七、课外作业

回顾作者的观察方法，建议学习这种方法，课后选一位自己最敬佩的人重点观察，写一篇小短文。

设计意图：在小结课文的观察方法的基础上，让学生学以致用，拓展延伸到课外写一个熟悉的人，这也为本单元的口语交际做了铺垫。

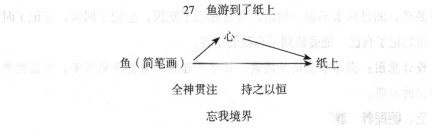

八、板书

27　鱼游到了纸上

全神贯注　　持之以恒

忘我境界

副板书

观察

看　听　想

设计意图：板书设计是为教师的教学设计服务的。本节课我设计了正副两个板书。正板书有利于帮助学生理解文章的思路和层次，同时有利于学生学习人物的品质；副板书能使学生对作者所用的观察方法一目了然，便于其进行读写的结合。

第二篇

教育部中国教师科研基金“十二五”规划重点课题“读书习惯的养成与写作能力的提高”

第一章
“读书习惯的养成与写作能力的提高”结题报告

执笔人：黄秀英
补充：陈月容　李少波

一、问题的提出

在我们的小学语文课堂教学中，很多学生依赖于老师课堂上的讲解与分析，缺乏自己的独立思考。在阅读时，很多学生“读”而不“深”。有的学生表面上是在阅读，实际上并没有对文章进行“深读”。且小学生在阅读的过程中普遍缺乏“梳理”全文思路的能力，他们对文段中的信息不会合理地进行筛选，不会去掉“枝叶”保留“主干”。

《义务教育语文课程标准》对小学生的课外阅读量做出了明确的规定。然而现实中学生的课外阅读情况不容乐观，真正达到阅读要求的小学生并不多，究其原因，我认为有以下几点：

1. 小学生对课外阅读缺乏兴趣。随着网络的发展，学生更不愿用大量的时间去面对枯燥乏味的文字。

2. 小学生没有良好的阅读习惯。他们年龄尚小，辨别能力低下，缺乏自觉能动性，很容易被不良因素所干扰。并且他们没有做读书笔记的习惯，即使做笔记，也只是为了完成老师布置的任务，摘抄一些词语、句子，并没有自己的体会与感想。

3. 小学生阅读方法不正确。只读不思，思而不深，读书只凭兴趣。

因此，为了激发学生的阅读兴趣，提高阅读和写作能力，我们进行了“读书习惯的养成与写作能力的提高”这一课题的研究，希望通过该课题的研究，激发学生阅读的兴趣，培养学生自主阅读的习惯，提高学生阅读理解与感悟的能力，以达到叶圣陶先生曾经对阅读教学提出的“自能阅读，不待老师讲”的最高阅读境界，从而有效地提高各学段学生的写作能力，让阅读与写作同步进行，达到双赢。

二、理论依据

1.《义务教育语文课程标准》明确规定：一、二年级学生课外阅读总量不少于5万字；三、四年级学生课外阅读总量不少于40万字；五、六年级学生课外阅读总量不少于100万字。

2.《义务教育语文课程标准》指出，阅读教学要“培养学生广泛的阅读兴趣，扩大阅读面，增加阅读量，提倡少做题，多读书，好读书，读好书，读整本的书。鼓励学生自主选择阅读材料”。据有关研究表明，学生所获得的知识大部分是学生通过自己的课外学习获得的，得之于老师课堂上讲的大概只有三成。在大语文教育观看来，语文教育是由课堂教学、课外阅读、生活体验和感悟三个方面构成的。小学语文课外阅读是大语文系统中的一个子系统，是大语文教育不可缺少的重要组成部分。

3.《义务教育语文课程标准》非常重视学生的写作，从质和量上都做了具体的要求。在质上强调独立的观察思考，情感的真实体验和创意表达，以及交流与分享等；同时在量上也有明确的要求：作文每学年一般不少于14次，其他练笔不少于1万字，45分钟能完成不少于500字的习作。

4.《义务教育语文课程标准》提出：“写作教学应贴近学生实际，让学生易于动笔，乐于表达，应引导学生关注现实，热爱生活，表达真情实感”“在写作教学中，应注意培养观察、思考、表现、评价的能力”“鼓励学生写想象中的事物，激发他们展开想象和幻想”“为学生的自主写作提供有利条件和广阔空间，减少对学生写作的束缚，鼓励自由表达和有创意的表达。提倡学生自主拟题，少写命题作文”。

三、研究目标

1. 利用网络资源，增加学生的课外阅读量，拓宽学生的知识面。

2. 让学生养成良好的阅读习惯，享受到阅读的乐趣，并对阅读产生浓厚的兴趣。

3. 引导学生对优秀文章进行阅读和品鉴，提高对语言的赏析、感悟能力，进而达到提升语言表达能力的目的。

4. 让学生在有效的阅读中积累语言、运用语言。

5. 读写结合，提高学生的写作能力。

四、研究内容

1. 整合信息技术与阅读教学，使阅读资源更加丰富，从而激发学生阅读兴趣，培养学生良好阅读习惯的策略研究。

2. 整合现代信息技术和语文阅读，实现自主式学习，让学生从阅读中提升对文学作品的鉴赏能力的策略研究。

3. 从阅读中引导学生学习优秀作品的写作方法，提高学生写作能力的策略研究。

五、研究策略

（一）读书习惯养成的研究策略

我们按照两条主线进行：一是课内以阅读教学为主线，充分激发学生的阅读兴趣，唤起表达的激情。二是以课外阅读为主线，通过大量阅读，增长学生知识，扩大阅读量，积累语言，达到厚积薄发的目的。两条主线有机结合，提高学生的写作能力。

1. 课内主线：①以课文教学（阅读教学）为出发点，激发学生的阅读兴趣，培养学生良好的阅读习惯。②开放图书室，利用现有读物指导精读。

2. 课外主线：①创设环境，营造读书氛围。②家校联手，科学利用“云技术”，丰富学生阅读资源。③向学生推荐好书，教给学生读书的方法。④指导学生撰写读书笔记。⑤开展丰富多彩的读书交流活动。

（二）提高写作能力的研究策略

1. 读写结合，促进写作能力的提高。

2. 追求多种形式的作文表达方式，丰富写作的内容：①开设“循环日记”，感受写作的乐趣。②画生活中的画，写生活中的事。③在活动中体验生活，写出自己独特的感受。④捕捉生活即景，指导即兴作文。⑤借助互联网，让习作插上翅膀。

六、课题研究的基本步骤

第一阶段：（2012.12—2013.3）准备阶段

1. 选定课题，填写课题申报表。

2. 提交课题申报表。

第二阶段：（2013.4—2013.7）学习阶段

1. 组建课题研究队伍。

2. 学习课题研究的内容及相关理论。

第三阶段：（2013.8—2015.7）课题实验阶段

1. 加强课题组人员的理论学习。

2. 调整课题方案和操作措施。

3. 开展课题研究活动。

4. 组织专题论文、教学设计、学生征文、教师下水文、优秀课例评选活动。

5. 召开阶段总结会，及时调整、完善实验中的各项操作。

第四阶段：（2015.7—2016.7）总结、结题阶段

1. 对实验研究的资料、各项数据进行整理，在阶段性研究成果的基础上，形成课题研究的总报告及论文，进行结题。

2. 完成课题结题的各项工作，接受教育部中国教师科研基金“十二五”规划重点课题总课题组评审。

3. 推广应用课题实验的成果。

七、研究过程的主要做法与成效

（一）营造氛围，培养兴趣

1. 根据学生的特点，学校有专人在校园网、校讯通或班级Q群（微群）等定时推荐适宜的课外书，激发学生的阅读兴趣。学生还可以在校园网、校讯通或班级Q群（微群）等的“我爱写作”的窗口，发表自己的感言，也可以上传自己的作品，点评其他同学的作品。

2. 真正发挥“班级图书角”或“校园网课外书屋”窗口的作用，学生随

时可以借阅图书，还可到“校园网课外书屋”窗口浏览电子书包，有专人负责管理、登记和适时更新“校园网课外书屋”的内容。这样使学生有足够的自主阅读空间。

3. 开展“读书交流会”活动，扩大阅读范围，共享课外阅读乐趣。设立阅读课，成立“读书小组”，做到书目推荐、篇目推荐和内容推荐相结合，并让学生交流课外阅读的收获和体会。

4. 阅读适合自己的书籍。在教师的阅读指导中，学生养成了“三定”的习惯：一定书，即选择阅读的书目，坚持把它读完，不半途而废，做到整本书阅读；二定时，根据学生的学习生活情况，让学生在家长的指导下自主选择读书时间，并做到每天坚持；三定量，根据学生自己的实际阅读水平，家长和学生共同制订每周、每月的阅读计划。家长和教师一起为帮助学生养成良好的阅读习惯助力。

5. 课题研究开展以来，通过多种有效的活动与一系列的措施，家长们确立了良好的阅读写作观念，树立起“图书消费”意识，自愿为孩子购买各种读物。“亲子阅读”和“亲子写作”营造了良好的家庭阅读写作氛围，使家长与孩子共享课外阅读和写作的乐趣，增进了亲子关系。

（二）重视指导，掌握方法

1. 阅读教学——读一篇带多篇。为了使学生在小学中年段突破阅读关，我们在教学中采用了“读一篇带多篇”的方法。根据教材安排的训练重点，教师教一篇课文后，引导学生在课外阅读体裁写法或思想内容相近的文章，让学生自学运用，增加阅读量。

例如，《白鹅》以动物为主要线索贯穿全文，教师可进行课外阅读拓展，让学生在课外阅读《松鼠》《三只小猪》等文章。这样，学生就能够及时地运用在课堂上所学到的方法，举一反三，闻一而知十。

“读一篇带多篇”的阅读教学模式主要包括以下三个方面的内容：

（1）基本程序。在阅读教学一般程序的基础上，根据“读一篇带多篇”的特点，我们建立了这样的教学基本程序。第一步示范学习一篇（段），学习阅读的基本方法；第二步尝试学习一篇，巩固前面所学到的方法，培养阅读能力；第三步带动自学同类的文章一篇或几篇，运用和发展阅读方法，提高阅读能力。

（2）带动课外阅读。每周三下午开设一节课外阅读课，指导学生运用所学的方法进行大量的课外阅读，提高阅读速度，增加阅读量，增强阅读能力。

（3）开展语文实践活动。定期开设语文实践课，进一步培养学生的阅读兴趣和习惯，发展学生的阅读能力。

2. 作文教学——读多篇写一篇。叶圣陶先生说：“通常作文，胸中先有一腔积蓄，临到执笔，拿出来就是，是很自然的。”由此可见，多阅读、从阅读中得到“写作的榜样”，是作文教学的实质之所在。

为了提高作文教学的效率，突破作文关，我们主要采取了“读多篇写一篇”的作文教学方法，即读完了在内容上或写作方法上相类似的几篇文章，指导学生运用所学的方法写一篇习作，按照状物、记事、写景、写人的顺序进行分类训练，以读促写。

低年级以句段状物为主，写动物、植物、景物。中年级以段与篇为主，写一写身边的事物（家乡山水、美丽校园、四季景色）、熟悉的人（父母、老师、同学）、感兴趣的事等。高年级则以想象作文为主，比如：壮哉，我的中国——2029年建国80周年阅兵仪式、腾飞的肇庆新区、十年后的鼎湖、展望鼎湖的未来城、记机器人老师的一堂公开课等；再如写一些感想作文，读后感和观后感、剧评和影评等。

3. 课外阅读——把握有效时机。学生对课外阅读光有兴趣还不行，我们还得通过课外阅读这一途径来培养学生的能力。结合语文课堂教学的实际情况和学生特点，我们抓住以下两大时机为学生提供课外阅读的条件、机会。

（1）着眼课文学习进行的课外阅读。从课文这个出发点，可以走向四面八方，精读一篇课文，可以带读许多相关的书。如部编版语文四年级下册《猫》这篇课文，它是作家老舍写的。《猫》这篇散文生动地描述了猫的古怪性格和它满月时的淘气可爱，字里行间充溢着老舍对猫的极其喜爱的感情。同学们课后可以阅读周而复和夏丏尊写的《猫》，体会不同作家对猫的喜爱之情。

（2）围绕课内写作进行的课外阅读。阅读与写作相互关联，阅读是写作的源泉，写作是阅读的升华和创造。因而，围绕课堂上的写作训练，辅之以适量的课外阅读，以读促写。

阅读教学与写作教学相结合。在阅读的过程中，学习范文中的写作因素，尤其要针对学生的写作实际，提供可借鉴的写作方法。同时，要注意学习作者是怎样观察和构思的，又是怎样遣词造句的，针对学生在作文中存在的问题，有的放矢，让学生通过课外阅读找出自己的差距等。安排学生的习作练习要以生活经验为内容，以片段训练为形式，以范文为榜样，以模仿为手段。学生修改作文后，教师把优秀作文装订成册，张贴在课室的“学习园地”中，精选学生习作网上投稿，让学生品尝到阅读和写作带来的幸福感，学生阅读和写作的兴趣必然会增加。

（三）开展活动，提高能力

近三年我们成功开展了图画作文、音乐作文、活动作文的训练；组织学生进行社会调查，撰写调查小报告；让学生学当小记者，进行采访活动，为广播电台、报刊写稿；举行了“让读书成为习惯，让生活溢满书香”“暖暖冬情，书香家庭”等十多个读书活动。

1. 开设课外阅读课。阅览室每天定期开放，由专人负责，分级进行阅读，创设阅读氛围。每周安排一节课外阅读课，保证学生的阅读时间。布置一定的课外阅读作业。定期交流阅读情况，比比谁知道的故事多、名人多，让学生在竞争中阅读。

2. 设立“中队图书角”。每学期开学初，学校提出倡议：低年级至少人手一刊，中年级至少一人两刊。各班发动学生把自己的图书带到班级，办好“班级图书角”。在班级的图书角上张贴“爱护书籍公约”，教育学生爱护图书，并选好图书管理员，认真负责借书还书。另外，教给学生修理图书的本领，使其学会给书包皮，制作美丽的书签、小书架等，从小培养学生爱护图书的良好习惯。

3. 背诵优秀的诗文。背诵优秀诗文，增加学生的语文积累。每学期末结合期末测试开展赛诗会、故事会等，并评出每期“诗词小达人”“故事大王”等。

4. 分阶段、定类别，增加语言积累。老师利用班会课、班队课、活动课等有利时机，启发、引导学生阅读，以增加语言积累。

低年级：阅读童话故事、神话故事、儿歌和谜语；

中年级：阅读古今名著、寓言故事、成语故事以及歇后语；

高年级：阅读中外名著、历史故事、名人故事以及现代诗歌。

一、二年级在黑板报上开辟“每周三个一”，即一首诗、一句名言、一本课外书；三至六年级“每周五个一”，即一首诗、一句名言、一句歇后语、一句谚语、一本课外书。每班由学生定期定时更换，由科代表带学生进行“课前一诵”。黑板一侧开设“好词佳句”栏，可供老师和学生每天进行阅读分享。

5. 撰写读书笔记。在学生产生阅读兴趣的基础上，让他们学会分析和思考，有效的办法是指导写读书笔记。学生语文水平有一定的差异，根据学生的这一特点，我们采用不同的训练形式：低年级学生只要求简单地记下读书年月日、书名、书籍作者；三年级学生增加一栏，简要讲述书的内容和自己喜欢的地方；四至六年级学生写读后感，摘录书中精彩的词句，摘抄佳作写一两句点评，写读后感。班级定期举办优秀读书笔记展览。

6. 开展“课前一分钟演讲”。英国作家萧伯纳曾说过：“我的思想交流给你，你把你的思想交流给我，那么我们俩人同时掌握了两种思想。”读书活动应注重个体阅读与群体阅读的有机结合。

从学校实际出发，每班每节语文课都开展“课前一分钟演讲”。通过“课前一分钟演讲”，我们老师可以从知识、能力等角度了解学生课外阅读的情况。教师有时选择能引起朗读兴趣，又有不同看法的著作，如一些古典作品，确定书籍后，出好讨论题，讨论前，每个学生读完并写出感想、体会，作为会上的发言；有时也可以结合新闻时事、课后书屋等定演讲主题，也可以由学生自由命题等。演讲的时间一分钟左右，按学号轮流或抽签决定，内容丰富灵活，还可以借助网络、多媒体来辅助演讲。学生参与热情高涨，综合素质得到提升。

7. 开展“红领巾读书月”活动。为引起学生对书的热爱，近三年的每年的4月分别成功举办了以学雷锋树新风为主题的“学习雷锋读书月活动”、以爱国主义教育为主题的“我们爱祖国读书月活动”、以阅读科普读物为主题的“十万个为什么读书月活动”。

（四）提炼模式，形成特色

作文教学模式，是教师教学过程中总结、提炼出来的经过实践检验认为是行之有效的比较固定的作文教学思路、教学方式。作文教学模式能使作文教学过程更加科学化、节约化，从而大大提高了作文教学的课堂效率。

“横看成岭侧成峰，远近高低各不同”。各种作文教学模式均独树一帜。我们结合本校特点，探索了以下教学模式：低年级看图写话的五步教学模式“激趣导入—引导看图—想象交流—自主写话—评议修改”。中、高年级的七种作文教学模式：①读写结合模式；②自由作文模式；③情景作文模式；④快速作文模式；⑤交际作文模式；⑥奇趣作文模式；⑦科际融合，沟通习作作文模式。

（五）研训结合，师生双赢

17位课题老师在课题主持人黄秀英校长的带领下勇于改革，积极探索。平时课题研究工作的开展采用“研训结合”的方式达到师生双赢。结合语文组的教研时间，每周二上午第二节开展研讨课、示范课、专题讲座等，下午第三节集中研讨交流、反馈。经过三年的实验，“读书习惯的养成与写作能力的提高”在课题中期评估中荣获优秀奖，肇庆鼎湖逸夫小学被评为“优秀实验学校”，彭建来校长被评为“全国优秀课题校长”，黄秀英被评为“全国优秀课题主持人”，陈月容和李少波被评为“全国优秀课题组长”。平时，我们的实验老师善于总结经验，根据自己的实践与思考，积极撰写教学论文。三年来，老师们撰写了70多篇教育教学论文，均在国家、省、市、区级报刊发表或获奖（国家级21篇，省级25篇，市级32篇，区级18篇）。其中，在课题中期评估中，12篇教学论文、4个教学设计和3节录像课分别荣获一等奖。如：黄秀英撰写的《网络技术有效融入作文教学的初探》和执教的《丰实对话过程 写出人物特点》的录像课分别荣获一等奖。四年的实验过程中，老师们勇于接受挑战，积极参加各种比赛，整体素质得到提升。如：稳英梅老师参加鼎湖首届传统文化课堂教学比赛，获一等奖；2015年5月23日至27日，谭丽娟老师到广州参加广东省小学语文教师素养比赛，获一等奖；青年教师梁丽青执教的《我合作我快乐》荣获鼎湖区践行社会主义核心价值观主题班会比赛的一等奖；2015年9月21日至25日，在延安富县举行的教育部“十二五”规划课题《教学多元化与素质教育》课题结题成果汇报暨《传统文化与教育教学》课题研讨培训大会上，黄秀英老师执教的《只有一个地球》和钟结兰老师执教的《走遍天下书为侣》分别荣获国家教科研成果一等奖；2016年4月15日至 20 日在宁夏中卫市第一中学召开《传统文化与教育教学》子课题专题研究课题培训研讨大会暨课堂教学比赛，黄秀英执教的《桃花心木》和钟结兰执教的《杨氏之子》分别荣获国家教科研成果一等奖；2016年9月20日至26日，在青海省西宁一中举行的教育部“十二五”规划课题《教学多元化与素质教育》课题结题成果汇报暨《传统文化与教育教学》课题研讨培训大会上，黄秀英执教的《怀念母亲》、陈月容执教的《渔歌子》和钟结兰执教的《草虫的村落》分别荣获国家教科研成果一等奖。

有其师必有其徒，学生在老师们的辛勤指导下积极参加各类比赛，均取得喜人的成绩：国家级20人，省级16人，市级23人，区级17人。2014年，李明烨等15名同学分别参加广东省第六届“粤星杯”学生作文大赛和全国小学生“正能量”作文大赛，其中，6名同学荣获特等奖，9名同学荣获一等奖。

（六）专题研讨，区内辐射

平时，老师们虚心向同行学习教学方法，博采众长，还积极主持或参加市、区、学校的教研活动，每期不少于4次，每学期参与听课、评课不少于18节。课题组利用逸小、永小联校教研的契机，积极开展专题研讨活动：名师课外阅读展示课、低年级写作同课异构、中年级片段写作集体备课、作文教学专题讲座等。其中，面向全区开展的专题示范课4节，同课异构3次，专题讲座6人次，如课题主持人黄秀英先后在逸小、永小联校教研中做了《敢问路在何方——浅谈青年教师成长》和《作文教学现状分析及方法初探》的专题讲座，执教的《丰实对话过程　写出人物特点》第一课时收到较好的效果，得到同行一致好评。经过多次示范课、专题讲座等形式的抛砖引玉，现在区内的兄弟学校肯定了并运用我校的课题成果，特别是低年级看图写话的五步教学模式（激趣导入—引导看图—想象交流—自主写话—评议修改）和中高年级的七种作文教学模式（读写结合模式 ；自由作文模式；情景作文模式；快速作文模式；交际作文模式；奇趣作文模式；科际融合，沟通习作作文模式）。

八、小结反思，课题延伸

三年多的研究，我们收获了成功，特别是学生的进步让人欣慰，同时我们备尝了探究的艰辛。尽管我们时刻在思考，不断在努力，但研究并非完美，我们认为还有许多值得继续探讨的地方：

1. 如何更好地将实验班的课题成果渗透到非实验班、区内兄弟学校中去，推广、应用课题实验的成果。

2. 如何培养学生更为强烈的阅读、写作意识，使其形成更为主动的阅读、写作习惯；过程中小结出的各年段的教学模式如何进一步完善和推广运用等。日后，可以对这些问题进行进一步的探究和实践。

总之，小学生读书习惯的养成与写作能力的提高是一个渐进的过程。我们会用更多的努力，让我们的每一个孩子都感受到读书与写作的快乐，让书香伴我们共同成长！

（此课题成果荣获第五届肇庆市基础教育科研成果二等奖）

第二章　优秀论文

1

走进知识黄金屋

——小学生课外阅读初探

肇庆鼎湖逸夫小学　黄秀英

教育专家苏霍姆林斯基说："课外阅读，用形象的话来说，既是思考的大船借以航行的帆，也是鼓帆前进的风，没有阅读，就没有帆，也没有风。"课外阅读是青少年健康成长所必需的精神食粮。我在语文教学中，结合教材安排的内容，有计划地开展课外阅读活动，与孩子一起走进知识黄金屋，收到很好的效果。

一、营造读书氛围，润物细无声

"染于苍则苍，染于黄则黄。"由此可知，浓郁的班级阅读氛围可以调动学生阅读的积极性，对学生产生潜移默化的影响。因此，教师应该重视营造浓郁的班级读书氛围。

首先，我引导学生搜集了"读一本好书，就是和许多高尚的人谈话"等许多热爱读书的名人名言。师生共同品读这些名言，在品读中明白读书的重要性。其次，我想方设法营造阅读氛围，带领学生与好书为伴。我先在教室墙壁上张贴关于读书的名人名言，如"书籍是人类进步的阶梯"等，让这些名人警句走进学生的心里。此外，我在教室的墙壁上还开辟"开卷有益""读书小明星"等栏目，每两周更新一次内容。第三，我指导学生打造"课桌文化"，让他们选取自己最喜欢的读书座右铭制作成小书签，贴在课桌上，如“读书破万卷，下笔如有神”等，让它们开启学生的心智。第四，我搞好班级图书角，定期更换图书，引导学生借阅、交换阅读，营造一种浓厚的读书氛围。对于平时喜爱看书的学生，我及时表扬，授予他们“阅读小明星”的称号。

这样，浓郁的班级阅读氛围形成了，润物细无声，充分调动了学生的阅读兴趣。

二、教给阅读方法，春光无限好

授之以“鱼”，不如授之以“渔”。教师要想提高学生的课外阅读效率，必须教给学生阅读的方法，做到“得法于课内，成长于课外”“以课内促课外”“以课外补课内”。

语文课上，我要求学生“不动笔墨不读书”。我主要从下面几方面指导学生进行动笔：首先圈画法。即用相关的符号在书或文章上记录下自己阅读时的收获，如用“▲”“？”分别表示重点词句、疑难困惑。其次批注法。即在文章旁边写出自己的感悟。学生可以品评精妙之处，也可以写出自己的体会，还可以写由此引发的联想。接着摘句法。即指将所阅读到的精彩部分摘录下来。记录的内容很广泛，可以是文章句子，也可以是写作方法；其形式也是多样的，可以原文照抄，也可以是概括小结。最后画思维导图法。为了便于记忆和积累，鼓励学生把故事内容、精彩情节等画成思维导图。

总之，教给学生多种阅读方法，春光无限好，能提高学生的阅读效率。

三、开展多彩活动，持我兴来趣

持我兴来趣，采菊行相寻。组织多彩阅读活动是学生用感知来获得知识的很好的方式，活动可以再激“趣”，活动还可以延“趣”。

首先，老师应多带学生走进阅览室、图书角，让学生热衷于读书、痴迷于读书，在读中汲取语言的精华。多开展如“我喜欢的一本书”“好书交流会”等有关课外阅读的读书活动。“好记性不如烂笔头”；有人说：读书笔记是资料的仓库。教师可以针对学生的实际情况，根据阅读的专题设计一份读书笔记，要求学生每周做一张读书笔记。例如，本月开展了“走进名著”

的专题课外阅读，读书笔记的内容就可以包括以下几个方面：本月阅读的名著、名著的作者或作者简介、我最喜欢的人物、他（她）主要的故事（典故）、我印象最深的或我最欣赏的部分、我的感受和体会等。当然，读书笔记不一定面面俱到，也可以只抓住一个方面去谈，只要是自己的发现、看法、思考、感悟，就值得肯定。在教室的墙壁上开辟一个宣传栏，每周将优秀的读书笔记张贴上去供学生们借鉴欣赏，这样能很好地调动学生课外阅读的积极性。试问有哪个学生不想得到老师的认可和同学们羡慕的目光呢？

其次，据调查研究表明，一些才华出众、没有负面作用的成功人士，他们的成功有一个共同点，就是都有一个好的家庭教育氛围。要想使学生将阅读兴趣转为习惯，还得家校达成共识，双管齐下才会见效。利用课外阅读课、家长会邀请家长到校，开展“小小阅读家，我说你听”的活动，让孩子给家长讲讲读书心得、书中的故事等，同时开展“我是阅读引路人”的活动，请家长介绍自己引导孩子进行课外阅读的方法和经验。我还不断引导家长们创建书香家庭：准备一间书房，给孩子阅读天地；准备一个书橱，收藏阅读读物；坚持“亲子共读”，每周父母和子女享受读书的乐趣，父母带头读书、读报，做孩子阅读的榜样，主动与孩子讨论书中的问题。这样推动家庭阅读，有效地提高了学生在家里读书的兴趣。

然后，指导学生阅读一些少年儿童报刊。指导他们有目的、有计划地开展读报、剪报活动，还可以制作读报卡，并进行展评。通过以上生动活泼的读书形式，同学们带着欢欣和喜悦掀起了朗读的热潮，学习的兴趣也更浓厚了。

接着，密切配合课文来开展课外阅读指导。学生在课堂内通过课本所得到的知识毕竟是有限的，要扩展学生的知识面就必须强化他们的课外阅读，并尽量使课外阅读配合课内阅读，两者构成一个有机的整体。比如，教完《春晓》之后，一边介绍给学生在课外阅读的有关描写春天的文章，一边要求他们仔细观察，在大自然里寻找“春天的美景”，还可以把景色画一画、说一说。

最后，结合阅读策略，单元或课外阅读课要定期检查读书效果，检查读书页数、摘抄语句条目，还可以组织学生说一说、赛一赛，看谁是个真正的

"小小读书郎"。

"积土成山，风雨兴焉；积水成渊，蛟龙生焉。"课堂教学是课外阅读的基础，课外阅读是课堂教学的补充与延伸。我制造阅读氛围，培养学生的阅读兴趣，带他们走进知识黄金屋，传授他们阅读方法，促进他们知识的迁移，使课内外相得益彰。

参考文献

[1] 中华人民共和国教育部. 全日制义务教育语文课程标准（实验稿）[M].北京：北京师范大学出版社，2001.

[2] 赵艳霞.当下小学经典名著阅读现状及相关策略研究 [D].新乡：河南师范大学，2013.

[3] 黄海森.搭建课外阅读平台构筑小学生"悦读"乐园 [J].新课程研究（下旬），2013（10）.

[4] 于永正.名师课堂经典细节：品读名师课堂119个经典魅力（小学语文卷）[M].南京：江苏人民出版社，2007.

2

让学生学会"找米下锅"

——谈学生作文材料的积累

肇庆鼎湖逸夫小学　黄秀英

面对作文题目，不少学生愁眉不展，绞尽脑汁找不到合适的素材，总认为自己每天从家里到学校，从学校到家里，两点一线，没有生活，没有什么可写，于是只好翻看各类作文选，借用别人的材料，套用别人的文章，结果集的是陈年旧事，用的是陈词滥调。这样抄上别人的几句凑出来的文章没有情感，没有鲜活的气息，僵硬死板，看着可惜，读来艰涩。究其原因，是学生平时不懂得搜集积累材料。那么，如何从生活中搜集积累材料呢？

一、观察生活，捕捉素材

我们每个人都见到各种各样的人，经历各种各样的事，每天都在体验着生活的喜、怒、哀、乐。生活是写作素材取之不尽用之不竭的宝库。鲁迅先生说：“静观默察，烂熟于心，然后凝神结想，一挥而就。”观察的过程就是积累的过程。对周围一切事物进行认真观察，这就能为写作积累丰富的素材。因此，应当学会观察，养成观察的习惯。

怎样进行观察呢？我认为要注重一个“细”字。其实，在我们生活中可写的材料很多，它们常散布于很分散的时间内、很不起眼的琐碎事情中，偶尔显露，稍纵即逝。我们要从生活中捕捉事物的特征。以母亲为例，同样是慈祥的母亲，但是仍有内向型、外向型、含蓄型、爽快型之分。在日常生活中，我们只有仔细地观察母亲的一言一行，才能捕捉到母亲的独特的个性。

二、体验生活，积累素材

体验是用全部身心去感受。为什么有的同学和别人一样生活在校园，和别人一起去参观、游览，别人能写出言之有物、真挚感人的文章，他却“写不出”或“没什么写”呢？关键在于他不善于体验周围的景、人、物。周围事物虽然入了他的眼，却没有入他的心。缺乏体验，感受肤浅，就无法理解事物蕴含的深刻内涵，难以领悟生活的真谛，无法激发写作的“意兴”，形成不了内在冲动。有一篇作文《家事》，作者浓墨重彩地描述了父亲有病在身，为了我的学费而执意外出打工的感人事情。文章结尾写道：“今天，我正坐在静静的课室里写我的家事，此时便似乎听到爸爸回园区的脚步声，仿佛看见妈妈站在村口目送爸爸回园区。此时，泪水模糊了我的眼睛。”作文写出了一个贫困家庭出身孩子的切身体验，情涌笔端，令人动容。我们要把学生从教科书中领出来，放飞于社会生活中，让他们走进工业园区，走进商品市场，走进朋友家，走进下岗职工家中……亲身体验各种生活，这样才能积累到新鲜活泼的生活素材。

三、广泛阅读，扩充素材

鲁迅曾说过：“文章应该怎样做，我说不出来，因为自己的作文，是由于多看和练习，此外并无心得和方法。”“问渠哪得清如许，为有源头活水来”“读书破万卷，下笔如有神”“汝果欲学诗，功夫在诗外”，朱熹、杜甫和陆游的话也告诉了我们阅读对于写作的重要。靠生活、时间直接体验积累材料，确实重要，但我们每一个人的生活环境毕竟有限。因此，我们必须善于吸取间接生活经验，这就要从阅读中学作文。这些都强调了加强阅读、以读促写的必要性。所以，学生在认真精读教材的基础上，必须通过广泛阅读来扩充自己的写作素材。我们要鼓励并创造条件让学生去广泛阅读。如何创造条件让学生广泛阅读、扩充素材呢？

首先，引导学生收集关于读书的名言名句营造氛围。通过老师引导，学生收集了“读一本好书，就是和许多高尚的人谈话”“书犹药也，善读之可以医愚”等多个热爱读书的名人名言。与学生共同品读这些名言，在品读中让他们体味读书的重要性。

其次，营造良好的班级文化，熏陶学生。教室是学生学习的主阵地，我注重班级环境布置，想方设法为学生营造阅读氛围，尽可能地使班级散发浓郁的书香气息，引领学生与书为伴。为了培养学生热爱读书、乐于学习的良好习惯，我首先在教室墙壁上张贴关于读书的名人名言，如“书籍是人类进步的阶梯”等，让这些名言警句走进学生的心里。此外，在教室的墙壁上还开辟“书海拾贝”“诗苑漫步”“书香溢满园”“开卷有益”“最是书香能致远”“我的读书收获”等栏目，每周或每两周更新一次内容。学生置身于这样的教室环境里，耳濡目染怎会不爱读书呢？

另外，我还要开展剪报比赛、书评、课前一诵和交流读书心得等活动，以此来培养学生的阅读兴趣，扩充写作素材。

四、积累语言，丰富素材

语言是文章的肌肤，鲜嫩的肌肤耀人眼目，创新的语言备受青睐。不少学生书面语言比较贫乏，写不出生动的语句，其中一个最主要的原因是缺乏语言材料的积累。那么，如何积累语言材料呢？

1. 养成写读书笔记的好习惯。“他山之石，可以攻玉”，精美、新奇和警策的语言，是前辈智慧的结晶，学生应当借鉴吸收，以丰富自己的文章内容。平时将阅读到的好词句和精彩片段摘录下来，作为语言素材储存起来，以备写作时用。

另外，读书笔记还可以记录读书过程中看到的古今中外的事例，记录自己的点滴体会等。这些，同样也是写作必备的素材。

2. 让学生模仿名句，力求创新。要让学生掌握使用语言的技能技巧，模仿是一种有效的方法。模仿语言往往能够提高学生的创新意识，仿造的句子在文章中会收到意想不到的效果，成为文章的闪亮点。比如，在一次《我最爱的水果》的习作中，学生为了表达自己看到最爱的水果时的情感，在习作中写道：每当我看到穿黄衣裳而又散出诱人香味的芒果小姐时，“口水直流三千尺”。这是仿写了《望庐山瀑布》的诗句，但十分真实而又幽默地表达了自己的情感。

如果能长期积累那些闪光的语言，学生头脑中的“词库”就会越来越丰富，他们写起文章来当然能得心应手、妙笔生花了。

“世事洞明皆学问，人情练达即文章”。只要我们帮助学生学会积累，使他们找到“米”，他们定会写出好文章来。

参考文献

[1] 吴晓英.加强学生课外阅读　提高学生写作能力[J].教育实践与研究（小学版），2006（3）.

[2] 王立红.加强课外阅读　提高写作能力[J].中国教育技术装备，2008（20）.

[3] 朱瑛.对新课标实施中几个问题的思考[J].中小学管理，2009（10）.

3

让童心在阅读课堂中飞翔

——以《找春天》为例谈如何在阅读教学中保留孩子的童心

肇庆鼎湖逸夫小学　谢玉兰

《义务教育语文课程标准》指出："要让学生充分地读，在读书中整体感知，在读中有所感悟，在读中培养语感，在读中受到情感的熏陶。"这足以证明多读书的好处。书是人类进步的阶梯，而通向这条阶梯的重要方式便是阅读。阅读对于人的成长发展有着极为重要的作用与意义。对于小学低年级段学生来说，阅读不仅能够打好写作的基础，更为重要的是，学生的语言表达能力、思维能力也在阅读中不断提升。而低年级孩子的心灵如水晶般纯净，作为一名低年级的语文教师，我该如何在阅读教学中保留孩子的童心呢？

一、关注童心，亲近儿童生命状态

孩子的世界最是千奇百怪、色彩斑斓，小学低年级语文教材的内容、语言、表示都特别符合孩子的年龄特点。老师要从学生的生活经验和心理特点出发，用童心的视角捕捉语言，用童心的感受体验情感，用童心的思维思索问题。部编版小学语文二年级下册《找春天》一文语言优美，充满诗意，学生在熟读成诵的基础上，把春天说得更美丽。这不但能加深学生对课文的理解，还能使文本拓宽学生写话的空间。因此，在上课时，我创设以下情境：（我）同学们从这些美丽的图片中，能否猜到这是什么季节呢？（学生）这是春天。（我）春天来了，人们的心情是怎样的？你从哪些词语感受到了？孩子们能很快找到"脱掉、冲出、奔向、寻找"等词语，并能说出由这些动词感受到的人们在春天到来时的一连串的喜悦心情。（我）你从这一段读出了什么？有的孩子说，春天像个害羞的小姑娘，遮遮掩掩，躲躲藏藏；有的孩子说，读出了小朋友脱掉棉袄去找春天。（我）春天像个害羞的小姑娘，遮遮掩掩，躲躲藏藏，从这句话你还能读出什么？孩子们有些困惑，我让他们联系后面的“我们仔细地找啊，找啊”来理解，孩子们立刻恍然大悟，春天很难找，春天的景色还不明显，小朋友很喜欢春天……孩子们入情入境，初步感受到春天的美好。

二、呵护童心，珍视儿童真实情感

新课标倡导：课堂上师生之间是民主平等对话的，让学生从各种束缚、禁锢、定势和依附中超越出来，在师生、生生互动的对话过程中，让学生展开思与思的碰撞，心与心的接纳，情与情的接触。学生在课堂上的灵性飞扬，有赖于教师所营造的一种自由宽松的氛围。教学中，老师引读，学生自主感悟后，老师顺学而导。

为使学生能在读懂课文后形成独特体验，进一步发展思维，我引导他们表达自己的感受。（我）我们已经找到了美丽的春姑娘，现在老师想请同学们展开丰富的想象力想象一下：我们看到了、听到了、闻到了、触到了春姑娘的什么？学生七嘴八舌地说：“我看到了小草已经发芽了，花儿开了，柳枝绿了，溪水解冻了，鸟儿们飞回来了。”“我还看到了桃花、杏花开了，小朋友们在春天里放起了风筝，他们可开心啦！”

我不无惊讶地夸着孩子们：“你们就像一个个春天的小精灵，你们通过语言文字，让我们看到了这美丽的春天。快让我们美美地读一读自己喜欢的段落，用此方式来感谢春姑娘给我们带来的美妙的歌儿吧！”自由与灵动、想象与活力扫描着五彩斑斓的生活，老师一次次地收获多彩的想象和诗意的童心。

三、尊重童心，构建独立情感世界

儿童的内心是最无拘无束的，他们渴望在广阔的天地间放飞自我。语文阅读教学就要在课堂的有限时空里注入无限的张力，只有充分拓宽空间，才能增强课堂活力。每个孩子都有着不同的知识经验，不同的思维方式，不同的情趣，在课堂上说出来的言语、写出来的词句也就不一样，教师要抱着学习的态度，带着观赏的眼光，尊重孩子的表达，尊重孩子的思想。尊重童心，就是尊重孩子的生命。在进行《找春天》的拓展练习时，我让学生说说自己积累的描绘春天的词语，孩子们可以脱口而出：春回大地、万物复苏、冰雪消融、桃红柳绿、春光明媚、万紫千红、百花齐放、莺歌燕舞……。我采用了“补白”的教学形式：用你手中的笔画一画，用你感恩的心写一写，用你率真的口说一说，将那春光下大自然中的一切展示给大家。这激发了学生的情感，将教学推向高潮。在浓浓的诗意境界里，孩子们如脱缰的马驰骋沙场，用心灵留下了生动活泼的画面、稚气灵活的讨论、诗情画意的语言……我欣喜地感受到：课堂中，春光正跳跃，生命在生长！

让童心回归课堂，是教师的童心回归课堂。老师要学习孩子的表达方式，顺应孩子的学习思路，钻研孩子的学习方法，尊重孩子的学习习惯，与孩子进行心与心的交流。当然，学生在课堂上的灵性飞扬，还有赖于教师所营造的一种自由宽松的氛围。由此可见，教材不应是码头，而应是航船，码头是孩子梦想起航和靠岸的地方，孩子只有驾驶着梦想的航船才能在成长的海洋里驰骋，才能真正成为时代的舵手。只有这样，课堂才能和谐起来。

参考文献

[1] 窦桂梅.窦桂梅的阅读课堂[M].长春：长春出版社，2009.

[2] 陆晓燕.留一颗童心涵养个性：对学生个性化培养的一点思考[J].当代教育科学，2004（2）.

第三章　优秀案例

1

《卖火柴的小女孩》教学设计

肇庆鼎湖逸夫小学　黄秀英

【教材依据】

《卖火柴的小女孩》是人教版实验版第四组的第一篇精读课文。

【教学内容简述】

《卖火柴的小女孩》是安徒生的一篇著名童话，课文先叙述大年夜，天下着雪，又黑又冷，小女孩还在街上卖火柴；接着讲小女孩为暖和一下自己，一次又一次地燃烧火柴，从火柴的亮光中看到了种种幻想；最后讲小女孩被冻死街头。

【设计思路】

《义务教育语文课程标准》要求："培养学生高尚的道德情操和健康的审美情趣，形成正确的价值观和积极的人生态度，是语文学习的重要内容，不应该把它们当作外在的、附加的任务，而应该因势利导，贯穿于日常的教学过程之中，通过熏陶感染，收到潜移默化的功效。"《卖火柴的小女孩》一文扣人心弦，感情深刻强烈，阅读教学不能停留在理解内容的层面上，而要注重学生的情感体验。所以，进行教学设计时我依据单元要素处理，注重文本研读，关注人物命运，采用"以读为本，读中得法""读中批注""读中感悟""尊重个性"等理念，摆脱了"多余的情节分析，烦琐的提问设计”，让“读”贯穿教学始终，既将文本读薄，又将文本读厚，不断提升学生的情感体验，实行文道统一，再透过读写结合，使学生体会文章的思想内涵。这体现对学生的人文关怀，教会学生一种人生的态度。

【教学准备】

1. 课件PPT。

2. 布置学生收集安徒生的相关资料。

【课时安排】

本课用两课时完成教学任务。

第一课时教学设计

一、教学目标

1. 正确读写“乖巧、围裙、硬币、衣兜”等词语，掌握“兜”的正确笔顺。

2. 有感情地朗读课文，把握课文内容，关注课文中人物的命运，体会作者的思想感情。

3. 让学生领悟作者基于现实合理想象的表达方法。

二、教学重难点

关注课文中人物的命运，体会作者的思想感情。

三、教学过程

（一）名句引路，谈话导入

1. 课件出示，齐读：每一本书都是一个用黑字印在白纸上的灵魂，只要我的眼睛、我的理智接触了它，它就活起来了。——高尔基

2. 师说：进入第四单元的学习，我们将走进外国名家的经典名著，其中不乏我们早在幼儿时期就读过的。现在，让我们再次细读品味，和作品中的人物同呼吸共命运，你会对这些作品有更深的认识和感悟。他的作品，率先进入我们的视野。课件出示安徒生照片、文字简介、童话故事的照片集。

3. 老师神秘地指课件屏幕，轻轻地把一个学生扶站起来——请你勾勒出

她的模样，请你描摹出她的美："雪花落在她的金黄的长头发上，那头发打成卷儿披在肩上，看上去很美丽。"

这么一个美得让人心碎的女孩，就是今天故事中的主角，她就是——老师指板书课题，请同学们轻轻地呼唤她，齐读课题——卖火柴的小女孩。

设计意图：课伊始，我采用了高尔基的名言激趣导入，接着通过介绍单元的经典名著引出本文的作者安徒生，最后引入本文的主人公小女孩。这样层层铺垫，层层深入，让学生在我的引导下渐入佳境，达到"课伊始趣已生"的效果。

（二）整体感知，理清脉络

1. 默读课文。

2. 根据填空说说主要内容：课文先讲了（　　），接着写了（　），最后写了（　　）。

3. 读了故事，你有什么感受？或者你有什么特别想说的？（预设学生回答：可怜的孩子，命运悲惨……）

设计意图：小学语文阅读教学讲究"从整体到部分，从部分到整体"的基本原则，在我们的教学活动中，首先要立足于课文的整体，切忌进行片面的局部分析，割裂课文整体。这个环节是承接"激趣导入"和"精讲点拨"的纽带，我充分利用好这一环节，引领学生从整体上感知课文，大约用时8—10分钟，主要采用了问题引导法。在这个环节我让学生带着问题阅读全文，带着思考阅读，这样大大提高了阅读质量。

（三）深入品读，感悟"冷"

1. 默读课文的第1—4自然段，请你从中读出 个字——"冷"，用横线画出写"冷"的句子。

2. 品读描写"冷"的句子。

A. 天冷极了，下着雪，又快黑了。

B. 在这又冷又黑的晚上，一个乖巧的小女孩，赤着脚在街上走着。

C. 再说，家里跟街上一样冷。他们头上只有个房顶，虽然最大的裂缝已经用草和破布堵住了，风还是可以灌进来。（这两句有争议，不是直接写小女孩的现状，而是联想到她家中的情况）

女孩冷：（学生找出来读，老师出示PPT）。

A. 小女孩只好赤着脚走，一双小脚冻得红一块青一块的。

B. 她又冷又饿，哆哆嗦嗦地向前走。

C. 她觉得更冷了。

板书：天气寒冷。

3. 引读写小女孩身子冷的句子（师课件PPT出示女孩冷的句子，女生读）。

故事读到这里，你读出了人物什么样的命运？（可怜、凄凉、孤单、贫穷）

这一刻，冷，在你看来，仅仅是天气的冷吗？

生各抒所见，板书：社会冷酷。

4. 教师小结。

5. 再次默读课文第1—4自然段，画出描写卖火柴的小女孩的遭遇的句子，让你为之感到社会冷酷、心寒的句子，并在旁边写上批注。

预设品读以下句子：

① 她从家里出来的时候还穿着一双拖鞋，但是有什么用呢？那是一双很大的拖鞋——那么大，一向是她妈妈穿的。

② 她的旧围裙里兜着许多火柴，手里还拿着一把。这一整天，谁也没有买过她一根火柴，谁也没给过她一个硬币。

③每个窗子里都透出灯光来，街上飘着一股烤鹅的香味，因为这是大年夜——她可忘不了这个。

④ 她不敢回家，因为她没卖掉一根火柴，没挣到一个钱，爸爸一定会打她的。

6. 反复导读句子：再说，家里跟街上一样冷。他们头上只有个房顶，虽然最大的裂缝已经用草和破布堵住了，风还是可以灌进来。

7. 理解词语：一样、堵、灌；教师相机小结，板书：家里冰冷。

8. 品读句子的过程中相机学习“兜”字。

9. 引导学生品读句子：她不敢回家，因为她没卖掉一根火柴，没挣到一个钱，爸爸一定会打她的。体会家人的冷漠，家里环境的恶劣。板书：家里冰冷。

设计意图：阅读是个性化的行为，《义务教育语文课程标准》中指出：“学生对语文材料的反应是多元的，应尊重学生在学习过程中的独特感受。”所以，本节课的教学中我以“以人为本，以学定教”的理念，让学生自主学习，多维度地品读感悟，积极探究体验，在合作中交流。同时穿插师生对话、生生对话，引导学生在语言环境中感受、体会、领悟、运用，重视学生的读、说，培养学生的语言感受力，让课堂成为学生的课堂，教师成为参与者、引导者，甚至是旁观者。

10. 创设情景，拓展说话。

她的旧围裙里兜着许多火柴，手里还拿着一把。一个身穿狐皮大衣的先生走过，只是（　　）就走开了；（　　）走过，（　　）也离开了；（　　）。

11. 配乐续写。

冷

天冷极了，下着雪，又快黑了。

在这又冷又黑的晚上，一个乖巧的小女孩，赤着脚在街上走着。

小女孩只好赤着脚走，一双小脚冻得红一块青一块的。

她又冷又饿，哆哆嗦嗦地向前走。

她在一座房子的墙角里坐下来，蜷着腿缩成一团。

她觉得更冷了。

读着小姑娘的故事，

我心里感到______________________________________。

如果可以，我多想______________________________________；

如果可以，我多想______________________________________；

如果可以，我多想______________________________________。

可是没有如果，

只有——

雪越下越大，街上像铺了一层厚厚的白地毯。

设计意图：《义务教育语文课程标准》明确指出：培养学生高尚的道德情操和健康的审美情趣，形成正确的价值观和积极的人生态度，是语文教学的重要内容。在这个环节里，我重组了课文里的内容，编成一首小诗《冷》，然后配上音乐指导朗读。这样让学生在风声、雨声和风雪声的背景音乐与文字交融中，再次感受当时天气的“寒冷”、家里的“冰冷”，从而体会当时社会的“冷酷”，继而激发学生对小女孩以及当时穷苦人民的深切同情。这样以读代讲、读中感悟的学习方法，更好地解决了本节课的教学重难点。

（四）课末存疑，架桥铺垫

1. 读课文的最后两个自然段，揭示这个卖火柴的小女孩最终的命运。

2. 卖火柴的小女孩冻死街头。然而，她曾经温暖过，曾经幸福过。板书：暖？这是怎么回事呢？下节课继续学习。

设计意图：课末我带学生走进了最后两个自然段，然后抛下了一个字“暖”。这样设置悬念为学生课外自学指明方向，也激发了学生的好奇心和积极性，促使学生进行课外自学，同时为下节课学习做好铺垫，一“疑”多得。

四、课外作业

1. 根据自学表格学习课文。

2. 读教材第41页的《你别问，这是为什么》及自己喜欢的外国名著名篇。

设计意图：得法于课内，得益于课外。我让学生于课外阅读《你别问，这是为什么》，让学生通过阅读更多地了解当时的社会背景，从而更好地体会课文的情感。

五、板书设计

卖火柴的小女孩

天气寒冷
冷　　家里冰冷　　暖？
社会冷酷

（四周配上雪花、风、雨的简笔画）

设计意图：本节课的板书设计图文并茂、简洁明了，与课文内容吻合，突出了教学主线“冷”，学生一目了然；而雪花、风和雨的简笔画再次衬托、渲染了“冷”，帮助学生走进文本、体会文本。同时，板书“暖？”也明确提示了下一节的学习内容和课后预习的方向。

《卖火柴的小女孩》教学反思

《卖火柴的小女孩》是第四组的一篇精读课文，这篇课文是安徒生的一篇著名童话。课文先叙述大年夜天下着雪，又黑又冷，小女孩还在街上卖火柴；接着讲小女孩为暖和一下自己，一次又一次地燃烧火柴，从火柴的亮光中看到了种种幻想；最后讲小女孩被冻死街头。我静下来的时候细细反思这堂课，总结了以下几点成功之处、需改进之处以及困惑之处。

一、成功之处

（一）自读自悟，感悟“冷”

《义务教育语文课程标准》提出：尊重学生，张扬个性，把更多的空间和时间让给学生，让学生自己去揣摩、感悟。我在教学中十分注重教给学生阅读方法。在学习第1—4自然段时，我先让学生自读，从中读出一个“冷”字，进而引导学生从文中找出小女孩遭遇的句子，并做批注，说说自己的体会。从学生的汇报中，可以看出，学生能抓住文中的句子谈自己的体会。我鼓励学生各抒己见，相机点拨学生从天气冷、家里冰冷、社会冷酷三个方面体会小女孩的可怜、悲惨。这一环节，体现了老师的引导作用和学生的主体作用。

（二）以读为本，感悟语言

《义务教育语文课程标准》指出：阅读教学是学生、教师、文本之间对话的过程；阅读是学生的个性化行为。我采用让学生谈感悟、抓关键词等多种形式培养学生的朗读能力。在引导学生初读文本时，我首先让学生快速自读课文，熟悉文本后，让学生有目的地去自读自悟。在发现学生的朗读能力不是很强的情况下，我巧妙地采用师生合读的形式，潜移默化地影响学生的朗读。另外，在教学中，学生的回答没有接近预设答案时，我能及时评价，对课堂的把控能力特别强，充分做到尊重学生个人的独特体验。我根据学生对文本的理解来指导朗读，达到了以读代讲、以读悟情的目的，真正做到“以读为本”。

（三）写话训练，升华情感

理解课文后，我设计了一个配乐续写的环节：“读着小女孩的故事，我心里感到________，我多想______。”这一写话练习让学生将书本知识内化为自己的语言，学以致用，发散了学生思维，使他们深入理解了课文，课文的中心也从而得到了升华。同时，配乐营造的情境氛围，也加强了课文的熏陶感染作用。

（四）巧捉细节，渗透基础

我注重双基教学，很自然地就渗透了基础知识点、考点。比如，在教“兜”的笔顺时，自然地问到“兜”的偏旁；在朗读指导中，将反问句和陈述句的转换巧妙地通过读让学生轻松掌握。

二、需改进之处

1. 教学目标中第三点——让学生领悟作者基于现实合理想象的表达方法，这一点达成度不高，我想在教学中如果适时地点拨一下这种写法应该会更好。

2. 课的结尾可以适当有一些拓展，培养学生的爱心，激发学生用笔去表达自己的感受。

三、值得思考之处

工具性与人文性是语文的两大属性，工具性是基础，人文性是核心。语文的工具性决定了语文教学的基本任务是培养学生运用语言文字的能力，即听说读写能力；语文的人文性则要求培养学生的人文素质，领悟和把握课文中的人文内涵是开展人文教育的前提。这两者是相辅相成的，不可分割。

我虽然明白这一点，但是上课时却不知如何很好地操作，总有一种眼高手低的感觉。所以如何使工具性和人文性在语文课上达到完美统一以及该如何操作是我在将来的教学中需要思考的。

2

《忆读书》教学设计

（部编版小学语文五年级上册）

肇庆鼎湖逸夫小学　陈淑仪

【教学目标】

1. 认识“舅、斩”等14个生字，读准多音字“传、着、卷”，会写“舅、津”等14个字，会写“舅父、津津有味”等15个词语。

2. 用较快的速度默读课文，能梳理出作者的读书经历，说出作者对“好书”的看法。

【教学重、难点】

1. 重点：梳理出作者的读书经历，说出作者对“好书”的看法。

2. 难点：能说出作者童年时期对“好书”的看法。

【教学过程】

一、激趣导入，揭示课题

1. 图片导入，猜一猜书籍。

设计意图：上课伊始，教师通过猜一猜书籍的方式导入，这不但能激发学生学习的积极性，调动学生学习课文的良好情绪，为学习下文做铺垫，还能激发学生的阅读兴趣，让学生从阅读中感受体会，积累更多的写作素材、写作方法。兴趣是最好的老师，阅读的发展促进学生写作能力的提高。

2. 说一说：出示书籍与冰心的关系。

3. 齐读课题，板书课题。

4. 读一读：冰心读书感悟的句子。

设计意图：了解名人的读书感悟，学习名人的读书方法与习惯，这些有助于学生更深入地感受读书带来的快乐、读书带来的收获，从而激发学生阅读的兴趣，在阅读中无形地提高写作能力。

二、初读课文，整体感知

1. 学生自由朗读课文，读通课文，读准字音。

2. 教师检查学生学习生字词的情况。

3. 说一说课文的主要内容。

4. 想一想冰心回忆了自己读书的哪些经历。

设计意图：一个人的读书经历对她的人生起着重要的作用，学习作者的读书经历能使学生更好地开展自我阅读，更好地学习他人的读书习惯，也是培养学生读书习惯、提高其写作能力的方法。

5. 默读课文，思考：作者按照什么顺序回忆了自己的读书经历？并画出表明顺序的词语。

6. 根据时间顺序梳理作者所读的书目。

设计意图：让学生在阅读的基础上把握课文内容，理清文章的脉络，并很好地理解课文内容，明白作者的写作顺序，梳理出作者在不同年龄段所读的书目。

三、悟读课文，梳理信息

（一）用“表格”梳理信息

1. 自由朗读课文第2—5自然段，根据表格内容梳理作者读《三国演义》的经历。

2. 归纳梳理信息的第一个方法：利用表格。

3. 作者七岁时认为好书的标准是什么？

（二）用“圈画”梳理信息

1. 默读课文第6，7自然段，圈画出作者读《水浒传》和《红楼梦》的感受。

2. 体会不同时期的阅读体验的不同。

3. 引出“旧书不厌百回读，熟读深思子自知”。

（三）用“分条”梳理信息

1. 教师用分条的方法梳理信息，出示作者七岁时的读书经历。

2. 让学生用分条梳理的方法说出作者十二三岁以及中年时期的读书经历。

3. 默读课文第9自然段，用分条的方法梳理出作者老年时的读书体会。

设计意图：如何提高写作能力？在小学阶段，培养学生阅读的习惯就要从阅读教学着手。学生掌握了读书习惯，就能够在写作中运用学习到的素材、写作方法，进一步提高习作能力。循序渐进的课堂教学培养了学生更多的语文综合能力。

（四）梳理方法归纳

总结梳理信息的方法。

设计意图：本单元的语文要素是“根据要求梳理信息，把握内容要点”。所以本节课的教学目标是：用较快的速度默读课文，能梳理出作者的读书经历，说出作者对“好书”的看法。以此为突破口，结合作者读《三国演义》《红楼梦》《水浒传》等的经历，使学生明白梳理信息的方法有很多种，要选取适合的方法进行信息梳理，把握内容要点。

四、延续拓展，学以致用

1. 用学习到的梳理方法阅读《默爱如山》。

2. 选择其中一种方法——表格或者分条，完成课外阅读的信息梳理。

设计意图：让学生将本堂课所学的读书习惯与方法运用到其他类型的文章中，以丰富课外知识。这样既能培养学生的读书习惯，也能使学生积累一定的写作素材，再把所学知识运用到习作中。

五、板书设计

26　忆读书

方法

表格

圈画

分条

在阅读中培养写作能力

《义务教育语文课程标准》指出："阅读教学要着眼于培养学生的自学能力，使学生在阅读中学会独立思考，学习怎样读书。"这也即古语云：授人以鱼，仅供一饭之需；授人以渔，则终身受用无穷。此语含义为与其给人现成的鱼，不如教会捕鱼的方法。教学中的阅读方法也具有同样的道理。小学语文教学的任务是培养学生听说读写的能力，而读又是语文教学的中心环节。所以，在课堂教学中要对学生进行具体的阅读指导，从而培养学生的写作能力。

（一）激发阅读兴趣，培养写作能力

学生所经历的事情是有限的，所以只有多读书，学生才能丰富自己的世界。学生暂时还做不到"行万里路"，只能靠"读万卷书"来提高素养。在上课初始，我通过导入作者的书籍以及作者的读书经历吸引学生的注意力，让他们感受阅读带来的快乐与收获，使其明白读书的意义：只有不断阅读，才会把阅读所学的知识转化为强大的习作能力。

（二）形成读书习惯，积累习作素材

“好记性不如烂笔头”，读书中的批注、做笔记都是学生积累知识的方式。所以本课教学中我让学生梳理作者的读书经历用了三种方法，并在掌握方法后运用所学方法，巩固知识。这样学生在以后的阅读中，就会养成读书的好习惯，从而更好地积累作文素材。

3

《桃花心木》教学设计

（人教实验版六年级下册）

肇庆鼎湖逸夫小学　黄秀英

【设计理念】

《桃花心木》选编的目的就是让学生通过阅读领会作者的见解，理解含义深刻的句子，提高阅读的能力，并联系生活实际，发表自己的看法。

结合《义务教育语文课程标准》的精神——“让学生自主学习，合作探究”“阅读要有自己的心得，能提出自己的看法或疑问”“在学习中，让学生在主动积极的思维和情感活动中，加深理解和体验，有所感悟和思考，受到情感的熏陶，获得思想启迪，享受审美乐趣，老师要珍视学生独特的感受、体验和理解”，在本课的教学中，我把“大胆提问”“感悟人生哲理”“引导学生发表见解”作为重点，把“对话的语文课堂”还给学生，让学生学会质疑、学会思考、学会交流、学会联系生活，大胆地创设一个开放的语文课堂。同时在教学时借助课堂拓宽学生的课外阅读视野，小结写作方法，顺势开展说话、写话训练，以提高学生阅读和写作的综合素质。

【教学目标】

1. 会写本课6个生字，抄写对自己有启发的语句。

2. 有感情地朗读课文，理解课文的内容。

3. 抓住重点句段，联系生活实际，领悟文章蕴含的道理。

4. 体会借物喻人的写作方法。

【教学重点、难点】

1. 抓住重点句段体会种树人的用心，领悟借物喻人的写作方法。

2. 种树人的话和“我”从中感悟到的喻人的道理。

【教学准备】

课件。

【教学时间】

两课时。

【教学流程】

一、复习导入——重温浇水事实

1. 看拼音写生字：枯萎、锻炼、狂风暴雨、语重心长、勃勃生机

2. 种树人是怎样给树苗浇水的？（从“浇水的时间不一定”和“浇水的量也不一定”认识种树人浇水的无规律性。板书：浇水无规律）

二、品读句子——探究浇水道理

1. 教师导读：现在，请同学们自由读课文，把种树人说的话找出来。

2. 指名反馈。

3. 出示。

填一填：“我”现在明白了，有的桃花心木苗枯萎是因为________，是因为________，是因为________。

4. 引导学生合作交流种树人说的第一段话。板书：会找水源、拼命扎根、长成大树。

5. 教师导读："如果我每天都来浇水……也会一吹就倒。"

6. 指名反馈：如果定时、定量给树苗浇水，会造成什么结果？

7. 教师：种树人的这番话准确吗？为什么？

8. 指名反馈。

9. 教师小结。

设计意图：新课标强调"老师要珍视学生独特的感受、体验和理解"。因此在教学时，我先让学生带着问题自主学习，然后合作交流研讨，最后汇报反馈。这样学生在品读中理解，理解种树人浇水的道理。

三、联系实际——感悟人生哲理

1. 教师导读："不只是树，人……努力生长"。板书：人。

2. 指名反馈："不确定"是什么意思？

3. 教师：联系实际说一说这种"不确定"因素的例子。

4. 出示填空："由于不只是老天下雨（自然界）是不确定的，______也是不确定的。所以，不只是树，人也是一样，只有在__________中生活，只有在艰苦环境中__________，才不会养成________的心，才能学会______，才能____________。"板书：生活考验 、锻炼自主、努力成长。

5. 播放图片：在"不确定"因素中成长的人。

6. 教师小结。

设计意图：语文的外延就是生活，让语文走进生活，同时我们在生活中感受语文。我在课堂中引导学生联系生活的例子，回忆生活画面，从中体会种树人的话，不只是树，人在生活中也要养成独立自主的心。我们把生活移入课堂，把课堂放进生活，学生在生活中感受语文，走进文本，体会情感。同时，我们尽量创造一个"师生对话""生生对话"的互动课堂，这样突破教学重难点就容易了。

四、链接阅读——提高阅读能力

1. 多媒体链接课外阅读：《烂漫的点地梅》片段。

2. 学生交流：本片段作者借助"________"（物）的"________"（特点），来比喻"________"（人）的"________"（品质）。

3. 拓展说话。

① 蜡烛的特点是__________，可以用来比喻____________的人。

②青松的特点是__________，可以用来比喻____________的人。

③__________的特点是__________，可以用来比喻____________的人。

五、课外指南——拓宽视野

1. 课外阅读：阅读有关张海迪、陈景润、爱迪生等的文章或《钢铁是怎样炼成的》等的书籍，找时间跟自己的小伙伴讲一讲他们的故事。

2. 课外练笔：运用本课的“借物喻人”的方法写一篇佳作。

设计意图：《义务教育语文课程标准》指出：教学要立足于促进学生的发展，充分利用现实生活中的语文教学资源，优化语文教学环境。课前，我让学生从课外阅读中搜集资料，激发他们学习新知的欲望；课内，我将课内外阅读进行有效的衔接，并顺势拓展了说话训练；课外，我引导学生拓展阅读有关张海迪、陈景润、爱迪生等的文章或《钢铁是怎样炼成的》等的书籍，真正满足学生阅读的需求。这样，课前、课内与课外整合联动，说话、写作与阅读达到了多维度的训练。

六、板书设计——画龙点睛助理解

3　桃花心木

浇水无规律

（树苗）——（人）

会找水源　　生活考验

拼命扎根　　锻炼自主

长成大树　　努力成长

（借物喻人）

设计意图：板书设计简洁明了，课文内容与写作方法相结合，写作内容与写作目的相结合，易于帮助学生理解课文内容和总结写作方法。

4

《找春天》教学设计

（部编版小学语文二年级下册）

肇庆鼎湖逸夫小学　谢玉兰

【教学目标】

1. 会写三个字。

2. 正确、流利、有感情地朗读课文，背诵课文，体会春天的美景，体验投身到大自然怀抱中去的情趣。

3. 热爱春天，愿意去观察、发现。

【学法引导】

1. 教法：利用多媒体课件，让学生欣赏春天各种美丽的画面，体会春光的美好，再用优美欢快的歌曲帮助学生体会课文内容，把音乐美与语言文字美、图画美融合于一体，让学生在美中赏读课文。

2. 学法：让学生通过自由读、默读、合作读、赏读等多种形式来理解感悟课文是本课主要的学习方法。

【重点・难点】

1. 重点：积累词语，有感情地朗读 。

2. 难点：体会春光的美好，体验投身大自然的情趣。

【师生互动活动设计】

1. 教师引导学生自学自悟、理解课文内容。

2. 学生品读文中的排比句、比喻句，感受春天的美好。

【教学准备】

1. 课件PPT。

2. 春日风光视频。

【教学过程】

一、复习导入，感受春天

1. 词语检查：春天来了，小鸟衔来了一些词语，我们向它们打招呼吧！

（害羞　遮遮掩掩　躲躲藏藏　嫩芽　音符　喜鹊　杜鹃）

2. 小鸟还听说我们班的小朋友会背诵课文前三个自然段呢，谁来试一试？

（检查学生对生字词的掌握情况）

设计意图：本环节主要采用情境创设的方法复习巩固本课词语及第一课时学习的段落，以激发学生的学习兴趣。

二、朗读感悟，品味春天

1. 春天像个害羞的小姑娘，遮遮掩掩，躲躲藏藏。让我们跟着书中的孩子们一起奔向田野去找春天吧！

2. 请自由读课文第4—7自然段，找找春天这个害羞的小姑娘藏在哪儿了。

3. 小组交流：说说你感受到了什么，想到了什么，或你还想说些什么，把你的体会用朗读告诉大家。

4. 全班交流学习成果，随机出示句子。老师根据学生的回答，板画小草、野花、嫩芽、小溪、柳枝、风筝、喜鹊、杜鹃、桃花、杏花，黑板呈现一派生机勃勃的景象，为学生营造一个春天的氛围，孩子们自然进入学习的状态。

5. 引领学生再次读文段。

设计意图：学生读句子，说说感受到的、想到的。在学生说的基础上，老师再抓住问题指导学生进行多种形式的朗读（引读、表演读等）。

三、赏读感悟，寻找春天

1. 我们已经找到了美丽的春姑娘，现在老师想请同学们展开丰富的想象，想象一下：“我们”看到了、听到了、闻到了、触到了春姑娘的什么？

2. 你们就像一个个春天的小精灵，你们通过语言文字，让我看到了这美丽的春天。快让我们美美地读一读自己喜欢的段落，用这个方式来感谢春姑娘给我们带来的美妙的歌儿吧！

3. 出示句子："小草从地下探出头来，那是春天的眉毛吧？早开的野花一朵两朵，那是春天的眼睛吧？树木吐出点点嫩芽，那是春天的音符吧？解冻的小溪丁丁冬冬，那是春天的琴声吧？"

4. 作者在这里运用了什么修辞手法？你能说一说自己的看法吗？

5. 这几句话运用了排比和比喻的手法，为我们展示了美丽而神奇的春天。让我们也赶快学着作者的样子，说说心中的春天吧！

设计意图：用课件帮助学生体会小草和眉毛、野花和眼睛、嫩芽和音符、小溪流水声和琴声的相似，从而使学生领悟春天的美和课文语言的精妙。

6. 如果换一换说法，怎么说？

引导学生进行问答式的口语训练。

例，问：小草从地下探出头来，那是春天的眉毛吧？

答：小草从地下探出头来，那是春天的眉毛。

7. "小草从地下探出头来，那是春天的眉毛吧？早开的野花……"多生动的比喻啊！小朋友们也能学着说一说吗？

四、读中想象，互说春天

1. 教师引读第8自然段：春天来了，我们看到了……我们听到了……我们闻到了……我们触到了……（课件演示：放映各种春光图，启发学生想象，填补课文空白）

2. 春天还会在哪里呢？画一画。

交流：春天只在这些地方吗？你是怎么知道的？

3. 拓展：说说春天还在哪些地方。

小朋友说得真好，老师想到了一些古诗。

出示：杨柳绿千里，春风暖万家。

天街小雨润如酥，草色遥看近却无。

你们能像老师一样说几句春天的诗出来吗？

再来读读第8自然段，读出自己的感受。

设计意图：多种形式的感悟读文，利于培养语感，陶冶情操。拓展课外学习资料，促进语言积累，增强学生学语文、用语文的自觉性。此处对文本进行补白的练习，是在内化语言的基础上，让学生展开想象的翅膀进行的说话练习。

五、指导写字

1. 学写“野、躲、解”三个字。引导学生发现这三个字左右一样宽，重点强调“身”字做偏旁时的变化。

2. 学生仿写，体会字体的美观、规范。

设计意图：指导书写，重在让学生观察后正确书写生字。

六、拓展延伸

1. 你想用什么方式来赞美春天呢？

2. “我眼中的春天”擂台赛：

读春天：选择自己喜欢的部分读出春天的美。

说春天：结合生活实践描绘自己看到的春天。

写春天：写出自己在春天里的发现。

画春天：把看到的、想到的春天画出来。

演春天：唱唱春天的歌、跳跳春天的舞。

设计意图：为学生搭建广阔的展示平台，在丰富多彩的“寻春、赞春”活动中进一步感受春天的美好，体验发现的快乐。

七、布置作业

收集有关春天的诗句。

八、板书设计

1 找 春 天

寻找——————————发现——————————感受

（急切、向往）（小草、野花、小树、小溪）（看、听、闻、触、摸）

第三篇

肇庆市基础教育科研“十二五”规划课题
“国学启蒙，语文学科教学整合的研究”

第一章
“国学启蒙，语文学科教学整合的研究”结题报告

执笔：陈月容

“国学启蒙，语文学科教学整合的研究”是“十二五”规划市级课题。成立这个课题，一方面是为了承续“十一五”中央教科所重点课题《传统文化与语文教学》的研究，另一方面是为了落实新课标对小学生古诗文诵读与积累的要求。我们希望：通过研究，探索国学教育的本质和实效，挖掘语文学科深厚的国学底蕴；通过研究，创新国学教育的教学模式，深化语文学科国学教育的实效性；通过研究，传承国学经典文化，弘扬中华民族精神，诵读千古美文，滋养逸小新人，提升人文国学素养。

自立项以来，在上级领导的关怀和指导下，课题组全体人员共同努力，经过许多的实验与研究，已基本完成了项目申报书中的各项研究目标，达到了预期目的。现将相关工作报告如下。

一、课题界定与理论依据

1.“国学启蒙”的含义：张岱年及尤宗周的两段说明中已略述国学之概念。启蒙，启，有打开、开导、启发之意；蒙是蒙昧无知的意思，指儿童需要受到教育。启蒙是开导蒙昧，教育蒙童。国学启蒙之含义：其一，用中国传统文化来启发蒙童；其二，对儿童进行中国传统文化的初步启蒙，从而让儿童有初步的国学入门知识。如今合二为一，总称国学启蒙。

2. 语文学科教学整合不是简单的诵读、记忆，而是结合语文学科特点，充分发挥本学科的资源优势，渗透中华优秀传统文化，注重传统文化及经典

技艺的传承；广泛开展古典诗文吟诵等活动；感悟、汲取国学经典的文化底蕴和民族精神，并在潜移默化的熏染下，陶冶性情，开启智慧，让经典为人的一生提供营养。

二、课题研究的目的、意义

1. 通过研究，探索国学教育的本质和实效，挖掘语文学科深厚的国学底蕴。

2. 通过研究，创新国学教育的教学模式与途径，深化国学教育的实效性。

3. 通过研究，传承国学经典文化，弘扬中华民族精神，诵读千古美文，滋养逸小新人，提升人文国学素养。

三、课题研究的内容

本课题以新课程标准和新课改理念为导向，以“提高语文学科国学教育实效性”为宗旨，以探究“实效的国学教育策略”为重点，以感悟国学文化、传承国学精神、提升语文综合能力为目标，主要在以下五个方面展开研究：

1. 提升教师专业素养，研读国学经典，挖掘国学底蕴，弘扬国学精神，提高语文教学质量。

2. 开发学生潜能。通过有意识的培养，学生能够吟诵整篇、整本的经典著作，学生的素养得到进一步的发展。

3. 陶冶情操，丰富人文底蕴。学生熟读成诵，慢慢就养成了自觉诵读经典的习惯，自然而然其文化修养与品质就能得到提高。

4. 改善性格，形成良好的学习习惯。坚持诵读国学经典，不但能改善孩子的不良性格，还能使孩子形成良好的学习习惯，良好的学习习惯对孩子的成长会有深远的影响。

5. 与语文学科相整合，弘扬优秀的传统文化。探究国学经典教育的方法及内容，力求激发学生学习国学经典的积极性，培养学生的语感，不断扩大其知识面，从而有效地提高学生的道德修养和爱国情操。

四、课题研究的主要内容

经典不是狭义的，而是着眼于大文化的经典。我们引导学生阅读的内容囊括了唐诗宋词、四大名著、历代文豪的名篇佳作、中外科普名著、少儿百科、中外古今名人的传记、童话故事等，以及写作方法上的各种文体的优秀作文选集等。

五、课题研究的方法

1. 文献资料法：通过查阅有关文献资料，结合本校学生的实际制订研究方案，在科学理论的支撑下研究每个方案的可操作性；课题实施过程中，倡导教师加强理论的学习，汲取理论经验，不断提高自身水平，让课题研究具有科学性。

2. 调查分析法：通过问卷、座谈等形式了解学生对国学认识和感悟的现状，为课题的进一步研究提供依据。

3. 行动研究法：以自己在工作中遇到的问题为研究对象，制订计划和行动方案，发现问题及时分析、反思，在研究中行动，在行动中研究。

4. 个案研究法：以典型个案展开研究，对典型的个案进行深入全面的调查和剖析，制订方案，研究规律，进行教育，探求结果，以寻求高效学国学的教学策略。

5. 经验总结法：在课题研究中观察研究对象前后发生的变化，拟定方案，加强教育；注重资料积累，对研究活动中取得的经验及时进行总结归纳，形成研究策略。

6. 音像记录法：按计划有针对性地开展活动，用文字、图片、音像等方式记录活动过程，为实验成果展示积累原始资料。

7. 有效诵读指导方法：

（1）画面欣赏法。

（2）语义联想法。

（3）故事导入法。

（4）游戏学习法。

（5）情景表演法。

（6）愉快诵读法。

（7）形象传递法。

（8）经验迁移法。

六、课题研究的步骤及进度安排

本课题研究活动分为三个阶段：

（一）第一阶段（研究准备阶段）（2011年1月—2011年2月）

1. 阅读文献，探究与课题有关的教育理论，为课题做好准备工作。

2. 对与课题相关的内容做初步了解，填写课题申报表。

3. 制订研究方案，确定实施步骤。

（二）第二阶段（研究实施阶段）（2011年3月—2013年10月）

1. 阅读有关的教育教学作品，以理论指导实践，写好读书笔记。

2. 阅读国学经典，开展国学教育系列活动，完成相应读书笔记和课例分析，上传至博客。

3.具体落实研究计划，开展实质性研究，利用问卷调查、开座谈会、上公开课、论文评比、个案评比等教育教学实践活动，及时总结阶段成果和反馈存在的问题，以改进教学手段，分析个案及撰写论文。

（三）第三阶段（研究总结阶段）（2013年11月—2013年12月）

1. 整理研究资料，分析研究资料。

2. 做好课题的总结分析，撰写课题总结。

七、课题研究的主要工作

（一）探究国学经典诵读

1. 领导重视，加强管理。学校非常重视国学经典诵读，学校领导对开展经典诵读的意义有明确的认识，将经典诵读纳入学校教学常规，并予以安排落实，让其成为学校的办学特色。

2. 更新认识，率先垂范。

（1）组织教师深入学习，提高教师对经典诵读的认识，自觉引导学生感悟、热爱祖国灿烂的文化。

（2）开展教师诵读经典诗文比赛活动。让教师通过比赛，熟悉更多的经典诗文，了解其人文精神和思想意境，为更好地指导学生诵读经典诗文做好充分准备。

（3）以语文老师为主，辐射全校师生，积极开展国学经典诵读校本教研活动，研究学生对国学经典的喜好程度，探讨经典诵读的教学方法，更好地将经典诵读与语文学科联合起来，指导学生学以致用。

3. 建好阵地，有效运作。学校运用多种多样的方法搭建平台，充分调动学生参与诵读的积极性，不断提高学生对国学经典诵读的兴趣，使经典诵读成为学生学习、生活中的一件乐事。

（1）遵循经典诵读的基本原则。不求甚解，须知大意；“书读百遍，其义自见”。在教师引导下，学生能在粗知其意思的基础上反复吟诵，这样能有效地提高诵读的效果。

（2）确定经典诵读的内容及要求。经典诵读书目主要是《诗海寻梦》《三字经》《弟子规》等，对这些经典，基本上要求学生通读，而对一些精彩华章佳句，就要求学生吟诵出来。

对各年级学生来说，经典诵读的要求有所侧重。如中年级学生：教师引读经典，学生要熟记选定的、自己阅读的经典中喜欢的名言佳句，以此来规范自己的行为品质；高年级学生：读经典文学作品，背诵经典中的名言佳句，熟记经典选定的内容，能转述经典中的名言，了解主要人物的观点，能畅谈自己的体会和收获。

（3）经典诵读活动进行的方式。

① 每周利用一节早读课，各班按要求开展国学经典诵读活动。师生共读经典，共赏美文，形式多样，有演讲、小组吟诵、个人吟诵、接龙背诵等，为经典诵读拓宽道路。

② 语文老师利用三分钟“课前一诵”与学生共同进行诵读。三分钟“课前一诵”，学生全员参与，每天一名小老师带读。

③ 语文老师每月用一至两节课开展经典诵读活动，全面复习本月吟诵的经典或在班级里举行吟诵比赛。

④ 每月的墙报和橱窗要有国学经典的内容。

⑤ 每天中午红领巾广播播放一些经典诗文或国学经典音乐。

⑥ 学校和班级文化建设要有国学经典教育的内容，如墙壁挂上字画，

让学生耳濡目染受到熏陶。

⑦ 充分发挥各学科的课堂渗透作用。

⑧ 实行家校合作，形成校内外的合力。

⑨ 创新诵读形式，举行多形式的诵读比赛。

（4）落实经典诵读的评价。

① 按照必背、选背的内容，进行诵读评价。评价分口试和笔试两部分。口试就是学生直接吟诵给老师听，老师根据学生的表现给予评价；笔试主要是以书面的形式考查学生对经典诗文的理解和运用。

② 交流评比：以班级成果展示和展演的形式开展。

（二）注重学科渗透，将诵读引入课堂，探究国学经典教学的模式

学习国学，可以弥补精神支柱的缺失；学习国学，可以弥补人生智慧的缺失；学习国学，可以弥补言语表达的缺失；学习国学，可以弥补人格发育的缺失。在课题研究的过程中，我们结合语文学科特点，充分发挥本学科的资源优势，渗透中华优秀传统文化，注重传统文化及经典技艺的传承，感悟、汲取国学经典的文化底蕴和民族精神，并在潜移默化的熏染下，陶冶性情，开启智慧，探究国学经典教学的模式。

在语文教学中，我们组织学生开展研究性学习，挖掘教材中涉及经典的内容，联系上下文，分析其内涵，在课堂教学中进行讨论，力求理解，从而产生良好的教育效果。例如将学校编制的《诗海寻梦》融入教学并做如下要求：着眼“熏陶”，注重“感悟”，以陶冶情操为目标，教师在引导中以鼓励为主。

在国学经典教学中，我们注意处理好以下四个关系：国学课堂与语文教学的关系；资源拓展与文本解读的关系；教师主导与学生主体的关系；人文熏陶与积累语言的关系。注意做到三个留下：留下形象（学完后，脑子里要留下一个画像，例如人、物、景……）；留下情理：得到什么样的情感；留下启发：就是悟道（通过明白的道理启发自己）。

在国学课堂上我们做到既得义又得言，实现“得义、悟道、思行”的目标。国学课堂教学分为四大步骤：

知趣——学习国学的关键。（三个激趣法：①找到相似点：从学生熟悉的内容找到相似点；②挑起矛盾点：产生悬念，设疑；③引起共鸣点：引起

情感的共鸣）

学文——让学生百分百地原汁原味地读原文。（用语文教学的常规方法进行）

悟道——教师抓住切入点点拨，引导学生悟道、表达。（以学生口语训练为主，也可以让学生写一写）

思行——读写结合（让学生将学习所得与自己的言行、生活联系起来）

八、课题研究的成果与体会

（一）编写了适合的并有特色的校本教材

经过几年的摸索，以语文教材为蓝本，我们编写了一套适合我校学生的校本教材——《语文教材内容拓展与延伸》上下册、《古诗词诵读精选》。每一课都有文字、图片、故事、知识链接，趣味十足。

（二）创设了许多优秀的课例

自课题设立以来，实验教师经常上研讨课、示范课。从备课、上课、说课、评课等一系列研讨活动中，教师对经典国学教育有了更深的认识。在国学课堂上我们做到既得义又得言，实现了“得义、悟道、思行”的目标，探索并总结出“知趣—学文—悟道—思行”四步教学法。如，《伯牙绝弦》一课，在中央教科所《传统文化与语文教学》课题成果交流暨评估总结大会中荣获国家教育科研成果一等奖；《名句导航》一课在2012年广东省优秀录像课评比活动中荣获二等奖。

（三）完善了古诗文诵读考级方案

我国古代著名的大教育家孔子说过：“不学诗，无以言。”古诗词能陶冶情操，活跃思维，因此，开展古诗文诵读是大势所趋。如何来领略古诗文的魅力？我们想，诵读是最好的手段。《义务教育语文课程标准》提倡背诵一定数目的古诗文。由此，课题组制订了《逸夫小学古诗文背诵考级方案》。

考级的细则如下：

1.根据学生的年龄特点及兴趣，把考核的内容分为十个等级，每个等级都规定学生必须背诵出一定数量的古诗词、阅读一定量的课外书籍。学生可自行选择等级进行考核。

2. 学生可以根据自己的实际情况自行申报。低年级的学生也可以申报高等级的考核。

3. 每考一级，学校都会给学生颁发星级奖章。

（四）开展了多种践行的活动，塑造完美的人格

1.“感恩文化”教育。“千经万典，孝悌为先”。我们使《三字经》《弟子规》等经典与感恩教育结合起来，根据学生不同年龄段的特点，开展感恩教育。首先是感父母之恩，感谢父母给我们以生命，如在进家出门时要主动和长辈打招呼，学会分享，做力所能及的家务事等；二是感师长之恩，感谢老师给我们以教诲，如要尊敬老师，关爱同学；还有感恩朋友，感谢朋友给我们以帮助；感社会之恩，感谢社会给我们以舞台。通过一系列的感恩活动，学生懂得感恩是一种美德，应从小做起。

2. 经典故事表演。在熟读、熟背编制内容的基础上，要求学生把经典的小故事进行改编，例如《孔融让梨》《黄香温席》《孟母三迁》等，学生可以融入丰富的想象加以编排训练，最后成功表演，从而达到再创造的目的。

3. 经典诵读活动。每学期班级都举行国学经典诵读汇报演出，形式多样，有吟诵比赛、绘画比赛、书法比赛、经典知识比赛等。成功举办了主题为“国学经典伴成长”的区级大型活动和主题为“雅言传承文明，经典浸润人生”的市级经典诵读活动。通过一系列的活动，学生认识到什么是民族的根，这给思想品德教育赋予了新的内涵。

（五）建设校园文化，铸造了传统文化的特色

校园文化是一种精神塑造。因此，我校在文化建设上注重突出一个鲜明的主题——“中国传统经典文化浸润校园，丰富多彩的活动突显育人”。

1. 在走廊悬挂经典——《三字经》，在回廊悬挂唐诗，形成国学长廊，营造浓厚的经典文化诵读氛围。

2. 打造特色班级文化，创设个性教室。每个班级都辟有中国传统文化专栏，充分展示学生阅读古诗文的成果，如书法、读后感、手抄报等，营造书香气息，打造“热爱经典，走进经典”的特色。

（六）走进经典，传承经典，提高素养

1. 诵读经典，能开启心智，陶冶情操，有效提高学生的素养。

2. 诵读经典，能积累精美的语句，进而丰富自己的语言，提高表达能力。诵读经典还能丰富学生的生活和文化积淀。因此，诵读国学经典，学生的说、写的能力有了明显的提高，基本上高年级80%的学生达到了“说有哲理，写有高度”的境界。

（七）通过实验与研究，教师提高了认识和科研能力

1. 自课题设立以来，实验教师经常上研讨课、示范课。从备课、上课、说课、评课等一系列研讨活动中，教师对经典国学教育有了更深的认识。同时学生思维活跃了，各方面的能力都得到提高。尤其是教师的教法灵活了，教师真正把课堂还给了学生。这充分体现了老师是主导，学生是主体的教学理念。实验教师展示的课例受到了听课教师的一致好评。像黄秀英老师执教的《詹天佑》（阅读教学）荣获广东省信息技术与小学语文课堂教学的整合的录像课比赛二等奖；谭丽娟老师执教的《动物的外形》（习作教学）荣获2013年肇庆市小学语文教学录像课比赛一等奖；《让那一池荷花开得更美》（教学设计）获中央教科所重点科研课题《传统文化与语文教学》国家教科研成果一等奖。

2. 实验教师掌握了课题研究的方法，获得了点滴教科研成果。经过几年实验与研究，实验教师撰写了一些高质量的教科研论文、教学设计。其中，钟结兰老师的论文《让学生在经典浸润中成长》在2012年广东省优秀论文评比活动中获一等奖，并发表在《广东教学》上；陈月容老师的论文《熟读唐诗三百首，不会作也会吟》在2012年肇庆市教育教学优秀论文评比中获一等奖；谭丽娟老师的论文《经典诗文诵读为学生远行铺路》在2012年鼎湖区教育教学论文评比中获二等奖。

经过三年的实践研究，我们取得了一些可喜的成绩。但是，也存在一些问题。

（1）师生向外投稿还比较保守。今后，我们要下大力气改善这一现象。

（2）实验中，我们应该让教师跟班教学，这样，实验的循序渐进性会更强，取得的效果也会更好。

（3）传统文化要内化为学生的能力，这个过程中如何进行具体有效的评价？评价的方式如何？有待进一步探讨。

传统文化的内涵丰富、深邃，传统文化与语文教学的课题研究任重而道远，无论在理论层面还是实践层面，我们都还有很多很多的工作要做。要形成属于我们自己的一套特色化的理论与实验方法，这有待于进一步加强研究的系统性与科学性。

（此课题成果荣获第四届肇庆市基础教育科研成果二等奖）

第二章　优秀论文

1

不积跬步，无以至千里

——基于国学启蒙视角下的小学语文阅读教学如何做好国学知识积累

肇庆鼎湖逸夫小学　黄秀英

国学知识是民族文化传承及发展的核心，也是小学语文阅读教学工作开展必须把握的重点内容。国学教育从古至今，经历过辉煌和低谷，但不可否认的是，国学经典对民族发展产生了重要的影响。在新的教育背景下，小学语文教学工作开展要注重引导学生对国学经典进行学习和传承，从而对传统美德进行学习，并促进国学经典文化的传承及发展。小学语文阅读教学中国学知识的积累，要把握循序渐进的原则，不积跬步无以至千里，要把握量的积累，从而实现质的飞跃。

一、花香袭人知骤暖——国学渗透

从国学启蒙这一视角探讨的小学语文阅读教学中学生的国学知识的积累，要坚持循序渐进的原则，突出“不积跬步无以至千里”的规律。教师要立足于阅读教学，引导学生对国学知识进行有效的学习和积累，以开拓小学生的学习视野，使其对国学文化内涵进行理解感悟，从而提升他们的语文阅读能力，更加有效地培养他们语文学科的核心素养。在开展国学启蒙教育教学的过程中，要注重发挥教师的主导作用，突出学生的主体地位，对国学经典做好选择工作，以此作为国学启蒙的立足点，引导学生对国学知识进行学习和理解。在这一过程中，教师要结合小学生的身心发展特点，突出循序渐

进的发展理念，通过有效引导，达到“花香袭人知骤暖”的目的，使小学生对国学知识点能够进行更好的学习及理解。

例如，结合部编版教材五年级的《忆读书》一课，在教学过程中，教师要把握课前、课中、课后三个阶段，将国学知识与《忆读书》的教学内容进行结合，实现国学知识的有效渗透。在课前，可以让学生谈一谈对读书的认知和看法，回忆一下自己都读过哪些书，读书对自己的成长和发展有什么好处；在课中，结合《忆读书》描写的内容，使小学生感受到“读书好”，懂得“读书好，读好书”的道理，使小学生感受读书的快乐；在课后，引导小学生阅读国学经典，如《幼学琼林》《论语》《诗经》等，做好国学启蒙，使小学生做好知识的积累，为日后的成长及发展打下坚实基础。通过结合《忆读书》的内容，培养小学生良好的读书习惯，并渗透国学经典，做好国学知识的积累，以达到“花香袭人知骤暖”的教学目标，从而进一步培养小学生的语文核心素养。

二、病树前头万木春——创新方法

要结合小学语文阅读教学的开展情况，做好国学启蒙教育，将国学知识在学生的阅读学习中进行有效的渗透，从而使学生积累更多的国学知识，促进学生的发展和进步。在这一过程中，国学启蒙教育要以“经典是本，诗文是末”为前提，由德开启，然后启智，使小学生对国学经典蕴含的“道理”进行学习和思考，从而发挥国学经典的育人作用。在小学语文的阅读教学中，注重将国学经典进行渗透，并对传统教学模式进行创新，激发小学生的学习兴趣，使其对国学经典知识进行有效的学习和理解。

例如在进行国学经典知识教学时，引导学生进行阅读思考，并借助信息技术播放视频、展示图片，为学生学习国学经典营造良好的学习氛围，使小学生积极主动地参与到国学经典的学习中，以提升教学效果，使小学生对国学经典知识进行深入的学习。例如在教四年级课文《王戎不取道旁李》时，可以结合国学经典《望梅止渴》展开教学，通过王戎的“李树在路边竟然还有这么多李子，这一定是苦李子”和曹操通过虚构梅林，令士兵口舌生津，达到止渴目的的内在联系，引导学生善于观察，善于思考，以对比学习的方式，加强学生对国学知识的学习和积累，从而更加有效地提升语文教学效果及教学质量。

三、纸上得来终觉浅——拓展思考

国学启蒙视角下对国学知识的教学，要把握“纸上得来终觉浅，绝知此事要躬行”的道理，要对教学范围进行拓展，使国学经典与学生的生活结合在一起，引导学生对国学经典知识的内涵进行深入的学习和理解。因此，在阅读教学中对国学经典知识进行学习和积累时，要注重对课外阅读进行有效拓展，从而引导小学生对国学经典内容进行阅读和积累。在这一过程中，教师要摆脱课堂教学的束缚，注重学生家长的作用，实现家校共育的发展目标。通过家校共育，指导家长参与到学生的教育当中，并对学生学习和积累国学经典知识进行有效的指引，使国学经典知识的学习得到更加全面的渗透，使小学生通过课外阅读做好国学知识的积累，实现“积跬步，至千里”的教学目标。

例如，在开展国学经典教学时，可以引导家长进行言传身教，转变父母的教育观念，关注学生的言谈举止，使学生能够懂文明，讲礼貌，对国学文化中包含的做人道理、优良的人格品质进行学习，发挥国学经典的教育作用，以促进小学生更加全面的发展和进步。在家庭教育中，家长可以引导孩子学习《弟子规》《三字经》《千字文》等国学经典，并向孩子讲解国学经典上的小故事，激发孩子的学习兴趣。教师结合学生在家学习国学经典的情况，可以在班级举行“品读国学经典”的读书活动，让小学生进行国学经典阅读的经验交流，从而形成良好的阅读氛围，使小学生对国学经典的阅读和积累产生浓厚的兴趣，从而提升国学经典知识的积累效果。

总之，基于国学启蒙视角开展国学经典教学，要注重将其与小学语文阅读教学工作紧密结合，引导学生对国学经典进行学习和思考，理解国学经典的深刻内涵，从而发挥国学经典的教育作用，培养小学生良好的道德品质，以促进小学生更加全面的发展和进步。

参考文献

［1］赵莲.在小学语文教学中渗透国学教育的策略［J］.中国校外教育，2019（32）：117，119.

[2] 江宝平.国学教育与小学语文教学的融合策略 [J].教书育人，2019（28）：62.

[3] 王艺美.浅析小学语文教学中如何渗透国学教育 [J].中国校外教育，2019（19）：36–37.

[4] 张国民.经典国学教育对小学语文教育创造性的影响研究 [J].华夏教师，2019（19）：20–21.

2

喜看稻菽千重浪

——小学语文阅读渗透传统文化的探究

肇庆鼎湖逸夫小学　黄秀英

“喜看稻菽千重浪，遍地英雄下夕烟。”在小学语文教学中，对传统文化的应用及渗透，是提升小学语文阅读教学效果的关键，也是实现语文文化传承及创新发展必须把握的关键点。把握传统文化，对语文阅读教学工作进行创新发展，实现对传统文化的继承及发展，是语文教学工作开展必须把握的关键点。这一过程中，对传统文化进行渗透及应用，有助于提升小学语文课堂教学效果及教学质量，进一步培养学生语文核心素养，以实现学生全面发展及进步的教学目标。

一、成功由积累，传统文化渗透之“积”

古语有云：读书之法，在循序而渐进。语文知识的学习，要做好积累。有效的阅读积累能够使小学生深入感知和学习语文知识的内涵，能够进一步培养小学生语文核心素养，以实现小学生全面发展及进步的教学目标。在开展小学语文阅读教学的过程中，把握部编教材的特点，将传统文化元素与语文教学进行结合，使学生对意蕴丰富的文章进行探究思考，把握经典篇章的文化内涵，这对于弘扬中华民族几千年的文化精神来说，具有十分重要的意义。同时，在教学中渗透及应用传统文化，使小学生进行循序渐进的学习，厚积薄发，这对于促进小学生的成长及发展来说，具有十分重要的意义。传统文化在小学语文阅读教学中的应用，要把握循序渐进的原则，注重积累，使小学生通过阅读量的积累，有效地培养他们的阅读理解能力，进一步提升他们的语文核心素养，实现其全面发展及进步的教学目标。例如，在开展小学语文部编版教材阅读教学的过程中，结合教材中的传统文化知识，如《姓氏歌》《人之初》等篇目，在教学中注重循序渐进，联系教材内容做好课外阅读拓展，由《姓氏歌》和《人之初》联系《百家姓》和《三字经》经典篇目，拓展学生的学习视野，使学生对中国传统文化进行学习，从而循序渐进地培养学生的语文阅读能力和阅读素养，为学生日后的成长及发展打下坚实基础。

二、诗书勤乃有，传统文化渗透之“勤”

“诗书勤乃有，不勤腹中虚。”在小学语文部编版教材阅读教学工作开展的过程中，要注重引导学生进行自主阅读、自主学习，把握传统文化渗透之“勤”，使学生通过勤劳的学习，积累丰富的语文知识，有效提升阅读能力和学习能力。“一日不书，百事芜”“业精于勤荒于嬉”，在小学语文阅读教学的过程中，要让学生“勤学苦练”，对部编版语文教材中涉及的传统文化知识进行有效的阅读及学习，以培养学生的语文阅读能力，促进学生更加全面的发展及进步。例如在部编版语文教材的内容设计上，诗歌是部编版语文教材阅读教学的重要组成部分，体现了传统文化的艺术之美。在诗歌阅读及学习的过程中，引导学生感受诗歌的语言美、韵律美，这对于学生深入学习和理解诗歌内涵、感受传统文化之美来说，具有十分重要的意义。如在学习部编版教材一年级《咏鹅》《悯农》《静夜思》等诗歌时，注重引导学生进行朗读和背诵，使其感受诗歌的韵律美和语言美。同时，在进行诗歌阅读教学时，注重向学生推荐《唐诗三百首》等读物，引导学生每日进行朗读和背诵，加深学生对诗歌的学习，对传统文化的深入感知，以达到“书读百遍，其义自见”的目标，使学生更加深入地感受传统文化之美。同时，在阅读教学中，教师对传统文化的把握，要注重立足于小学生的身心发展特点，注重利用多媒体信息技术，如筛选诗歌阅读视频，要选择形象化、动态化、有趣的视频来引导学生进行诗歌阅读和背诵，引导学生勤于阅读，使学生在阅读学习中，对语文传统文化进行感知及学习，感受传统文化的魅力。

三、所贵唯实践，传统文化渗透之“践”

“生无机巧姿，所贵唯实践。”在小学语文部编版教材阅读教学工作开展的过程中，对传统文化的渗透及应用，要注重引导学生参与到教学实践中，对传统文化进行“践行”，以加深学生对传统文化的学习，实现小学语文立德树人的教学目标。部编版语文教材在编排的过程中，注重挑选具有人文性、哲理性和思想性的文章，通过对作品进行分析，强化传统文化的教育。同时，传统文化的渗透要突出实践性，“纸上得来终觉浅”，单纯地阅读背诵不利于有效记忆，也难以发挥语文教学的“育人”作用，通过有效的教学实践对传统文化进行“躬行”，引导学生对传统文化的精神内涵进行深入感知，进一步提升小学语文课堂的教学效果及教学质量。在践行语文传统文化的过程中，教师要充分发挥自身的主导作用，尊重学生的主体地位，使学生对传统文化的精神内涵进行把握，以提升语文阅读的教学效果及教学质量，进一步培养学生的语文核心素养。例如在开展语文阅读教学的过程中，教师要注重文章中传统文化的精神内涵的把握，如传统文化中“孔融让梨”“孟母三迁”等经典故事，引导学生学习恭让、谦尊等优秀道德品质，以培养学生良好的道德品质。又如在小学语文部编版教材三年级《孔子拜师》这一课文中，引导学生知道尊师重教是中华民族的传统美德，使学生对传统文化的内涵进行思考和学习，以强化传统文化在语文教学中的渗透及应用。

“千里稻花应秀色，五更桐叶最佳音。”综合上述分析来看，在开展小学语文阅读教学的过程中，要注重将传统文化与语文阅读教学进行紧密结合，通过阅读教学引导，使学生对传统文化进行学习及理解，以培养学生良好的道德品质，实现学生全面发展及进步的教学目标。在这一过程中，要注重把握传统文化与语文教学的结合点，注重积累创新，使学生深入感受和理解传统文化的精神内涵，进一步培养学生的语文核心素养。

参考文献

[1] 靳亚娴.小学语文教学中渗透中华优良传统文化浅谈[J].科技风，2019（26）：87.

[2] 朱玉洁，李佳林.中华优秀传统文化融入小学语文教学的策略[J].新课程研究，2019（22）：37–38.

[3] 季秋菊.语文教学中传统文化渗透途径探微[J].小学教学参考，2019（12）：2–3.

第三章 优秀案例

1

《王戎不取道旁李》教学设计

肇庆鼎湖逸夫小学 陈丽萍

【教学目标】

1. 学会用抓住四要素、加入丰富想象、按照一定顺序等方法来复述课文。

2. 背诵课文。

3. 感受人物善于观察、勤于思考的品质。

【教学重、难点】

学会用抓住四要素、加入丰富想象、按照一定顺序等方法来复述课文。

【教学过程】

一、故事导入，引出人物

图片展示《曹冲称象》和《司马光砸缸》两个故事，引出像曹冲和司马光一样聪明的主人公——王戎。

师：同学们，我们学过很多历史故事，其中有一个故事叫曹冲称象，另一个故事叫司马光砸缸。曹冲用一只小船称出了大象的重量，司马光用一块石头救出了即将淹死的小伙伴。他们都是怎样的小朋友呢？（生1：聪明。生2：机智。生3：善于思考）大家说得都很对。那么今天我们来认识另一个同样聪明的孩子，他叫王戎。请大家齐读课题：25，王戎不取道旁李。

题目这句话是什么意思呢？谁来说说？（生1：王戎不拿道路旁边的李子）你是怎么理解这句话的呢？“道”的意思是什么？（生1：道路）“旁”的意思是什么？（生1：旁边）这位同学很聪明，会用拆字组词法来理解题目。那大家读完这个题目，心中有什么疑问吗？（生2：王戎为什么不取道旁李？）老师我也很想知道答案，现在我们就走进课文。

设计意图：这两个故事都是学生之前学过的历史故事。历史故事是我国传统文化的重要组成部分。复习旧知的同时引出本文的主人公。司马光和曹冲都是聪明机智的孩子，王戎有同样的性格特征。

二、初读课文，读出节奏

1. 释题质疑。

（1）师提问是否理解题目“王戎不取道旁李”。

（2）生回答。

（3）师总结。

2. 师配乐范读。

（1）师配乐朗读古文。

（2）生评价。

（3）师生共同总结朗读古文的方法：重音、停顿、感情、动作。

师：孩子们，这是一篇古文。古文读起来是有它独特的韵味和节奏的。接下来，请大家认真听一听老师的朗读，我们一起来感受一下。

（读完生评）大家觉得老师读得怎样？谁来评价一下？（生1：很有节奏感，有重音，有感情）好，现在就请你们学学老师来读读这篇古文。但是首先，我们要把字音读准，把句子读通顺。（生1、生2读，老师正音）

3. 学生自读。

4. 个别学生读。

5. 生配乐齐读。

设计意图：这一环节以读为本，让学生充分朗读，读正确，读流利，读好停顿。让学生在读中理解，在读中感悟，尊重学生的独特感受，这既加强了朗读的指导，又能使学生走进文本。在诵读传统文化的过程中，激发学生的潜能与智慧，让学生感受到古文诵读的韵味。

三、巩固旧知，自主学文

1. 以学过的古文《司马光》为例，引出学习古文的方法：借助注释、借助插图、联系上下文。

2. 学生运用方法自主学文。

3. 个别学生回答对古文的理解。

师：古文朗读有办法，学习古文我们同样也有办法。三年级的时候我们已经学过古文了。大家还记得我们学过哪篇古文吗？（生：《守株待兔》《司马光》）那大家还记得我们用了哪些方法来学习古文吗？（生：利用注释、插图和联系上下文的方法）引导一个学生说完。

看来大家学的古文不多，但是对学习古文的方法记忆犹新。现在就请大家用我们学过的这些方法把这篇小古文读懂。同桌之间可以互相交流。

4. 师对重点字词句的理解加以引导。

师：大家都把这篇古文读懂了吗？有没有什么不理解的地方？（生沉默）看来老师低估大家了。那现在老师来考考你们。

“唯”是什么意思？你怎么知道的？（生：借助注释）

“多子折枝”是什么意思？你怎么理解这个场景的？（生：借助文中的插图）

老师还发现这篇古文出现了三个“之”字，这三个“之”字的意思是一样的吗？（生：不一样）

不同位置的“之”字意思是不一样的，只要我们联系上下文就可以理解了。大家看，我们三年级学的方法，现在四年级还可以用上，以后五年级六年级我们会学到篇幅更长的古文，这三个办法能带给我们很大的帮助，大家要牢牢地记住。

设计意图：这一环节引导学生回顾文言文的学习方法，巩固已有的学习经验。用学过的借助注释、借助插图、联系上下文的方法来理解课文。这一环节将学生的学习从被动变为主动，让学生学以致用，将之前学过的古文学习方法再次利用起来，使学生在巩固旧知的同时提高了学习古文的能力。

四、悟读课文，分析人物

1. 品味人物语言：树在道边而多子，此必苦李。

2. 生谈谈对人物语言的理解。

3. 师引导通过人物语言理解人物形象。

4. 分析总结人物形象：善于观察，勤于思考。

设计意图：中国传统文化是中国文化数千年积淀下来的精华。学习中国传统文化，有利于培养学生优秀的品质。引导学生向文中的主人公学习，在生活中做一个善于观察和勤于思考的孩子。

五、掌握方法，复述故事

1. 师指导学生用抓住四要素的方法复述文中故事。

2. 个别生运用抓住四要素的方法复述文中故事。

师：孩子们，这个故事有意思吗？（生：有）现在我们就尝试用自己的话来说一说这个故事。首先，请大家抓住四要素，用一两句话简单地复述这个故事。（生1、生2）

四要素包括时间、地点、人物、事情。你紧紧地抓住了四要素，如果语言能更简洁一点就更棒了！

3. 出示填空题和图片，引导学生运用加入自己想象的方法复述文中故事。

4. 生小组讨论后，小组代表发言。

师：大家觉得这样简单地讲故事，好听吗？（生：不好听）老师有办法让这个故事变得好听，变得有趣！就是加入自己丰富的想象！现在请大家自己试着说一说，完成这道填空题。（生1、生2）

5. 出示四幅图片，引导学生按照一定的顺序复述故事。

师：现在难度加大，请大家看着插图，按照一定的顺序，加入你丰富的想象来复述这个故事。其实无论是简单地复述故事，还是详细地复述故事，我们都是按照一定顺序进行复述的，像这篇课文我们就是按照事情发展的顺序来复述的。（生1、生2）大家的故事越讲越精彩，越讲越生动，课后大家可以用自己喜欢的方式复述给爸爸妈妈听。

6. 师总结复述故事的方法：抓住四要素、加入丰富想象、按照一定顺序。

设计意图：本环节旨在落实语文要素，贯穿方法指导，提升语文素养。本单元的语文要素之一是学会复述课文。老师通过具体的方法指导，让学生由易到难，逐步掌握复述文章的方法。

六、延读拓展，丰富积累

1. 成语拓展：道旁苦李。

师：有一个成语就来自这篇古文，即道旁苦李，比喻别人所弃、无用的事物或人。老师希望大家都好好学习，以后成为社会的栋梁之材，不要做道旁苦李。

2. 指导简单复述故事《望梅止渴》。

设计意图：课文阅读延伸到课外，让学生感受成语短小精练的特点，词语虽然简单，但意义非凡，这就是传统文化的魅力。这一环节，强化学生的学习方法，丰富学生的知识储备。

七、布置作业，课后巩固

1. 背诵课文。

2. 把故事讲给爸爸妈妈听。

设计意图：作业设计的目的在于巩固学生学到的基础知识和复述方法。

八、板书

25 王戎不取道旁李

唯戎不动：善于观察、勤于思考

抓住四要素
加入丰富想象
按照一定顺序

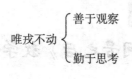

设计意图：板书不仅体现了本文的重难点，还体现了本文的知识体系，能帮助学生构建知识结构，也能使学生比较直观地了解课文的主要内容，使其能回忆起本课的内容，便于其理解和掌握知识。

《王戎不取道旁李》教学反思

《王戎不取道旁李》选自《世说新语》，主要讲了王戎年仅七岁，就能够根据环境来分析问题的故事。可见王戎是一个善于观察、善于思考的孩子。

本文的教学重点是：让学生学会运用多种方法复述故事；在多种形式的

诵读中培养学生的文言文语感，让学生积累一些常见的文言词语，学习古人仔细观察、善于思考的习惯；激发学生阅读《世说新语》的兴趣，体会中华民族传统文化的魅力。

围绕本课教学目标，我取得了以下教学效果：

1. 加强了诵读，使诵读多样化（教师范读、自读、齐读、表演读、配乐读）。有意识地让学生在诵读过程中感受古文诵读的音律美，同时在读中逐步积累、感悟，体会文章的内容及蕴含的道理。

2. 在教学设计中有意加强对学生道德情操的培养，将情感、态度、价值观的正确导向贯穿于整个教学过程，让学生受到潜移默化的影响，达到润物细无声的效果。通过历史故事《曹冲称象》《司马光砸缸》《王戎不取道旁李》，让学生感受到曹冲、司马光、王戎身上的美好品质，引导学生学会向古代先贤学习。

本文最成功之处在于在弘扬中华民族传统文化的同时，增强了学生的文化底蕴，提升了学生的口语表达能力。

2

《真理诞生于一百个问号之后》教学设计

（人教课标版小学语文六年级下册）

肇庆鼎湖逸夫小学　黄秀英

【教材分析】

《真理诞生于一百个问号之后》是六年制小学语文部编版教材六年级下册第五单元的课文，这是一篇精读课文，属于议论文。课文题目“真理诞生于一百个问号之后”，就是课文的主要观点。课文主要用三个事实论述了只要善于观察、不断发问、不断解决疑问、锲而不舍地追根求源，就能在现实生活中发现真理。选编这篇课文的意图，一是让学生了解科学发现的一般规律——真理诞生于一百个问号之后，从而感受、领悟到见微知著、独立思考、锲而不舍、不断探索的科学精神；二是学习课文用具体事例说明观点的写作方法。

【设计理念】

课标要求：注重利用传统文化培养学生的人文素质是当今语文教学不可缺少的重要内容。教育家钱梦龙先生说："语文教学对传统文化的继承和发展是最有代表性的学科，是母语教学，它是源、是根、是魂、是传统文化的魂。"因此，在引导学生了解了三个事例及其道理后，首先，我充分挖掘了蕴含优秀传统文化的内容，拓展了优秀传统文化的阅读，多渠道地渗透了传统文化，把文本拉长，读厚，引导学生逐步形成积极向上的态度和正确的价值观。

其次，我设计了表格，采用"教—扶—放"的方法教学三个具体事例。我对学生汇报的谢皮罗教授的例子进行了重点指导，让学生明白科学家是从现象中发现问题—经过研究—得出真理的，从而证明了真理诞生于一百个问号之后。

最后，我用好教科书，紧扣文本，走进文本，与文本对话，讲练结合训练，同时又不视教科书为主宰，适当地拓展和引领，让学生阅读与教材表达方式类似的文章《玻璃瓶中的机遇》，从而使学生进一步理解"用具体事例说明观点"的含义。

【教学目标】

一、知识与能力目标

1. 初读课文，了解课文主要内容，正确读写"诞生、洗澡、漩涡、花圃、司空见惯、无独有偶、见微知著、锲而不舍"等词语。

2. 深入学习课文，理解深刻的句子，感悟"真理诞生于一百个问号之后"的含义。

3. 学习课文用具体典型事例说明观点的方法。

二、方法与过程目标

1. 以自己喜欢的方式读书，入情入境，读出自己独特的感悟。

2. 采用“先学后教”的方法，让学生运用学过的方法领悟课文内容，体会写法。

三、情感、态度、价值观目标

感受、领悟见微知著、独立思考、锲而不舍、不断探索的科学精神。

【教学重、难点】

1. 理解三个关于科学发现的故事，理解“真理诞生于一百个问号之后”的含义。

2. 体会并运用课文用事例说明道理的写法。

【课前准备】

1.教师准备：课件；印发《玻璃瓶中的机遇》阅读材料。

2.学生准备：预习课文，查找与文本有关的资料。

【课时安排】

两课时。

【教学流程】

一、回顾旧知，导入新课

师说：今天我们继续走进第20课。在走进课文之前，我们先进行课前小测，检查一下你们上一节课的学习情况。请拿出课前小测本，看拼音写词语。（出示多媒体课件）

1. 课前小测：看拼音写词语。

追根求源　　见微知著　　锲而不舍

司空见惯　　无独有偶　　打破砂锅问到底

师说1：好！请同学们检查自己写对了几个，错的用红笔更正，全对的请举手（学生举手）。

师说2：看来我们班的孩子上一节课学得还真不错，希望这节课能看到你们更好的表现。

师说3：请大家回忆一下，第20课是一篇议论文，它的观点是什么？为了

阐述这个观点写了哪三个具体事例？（出示多媒体课件三个事例）

师说4：从你的回答中，我知道你是一个认真听课的孩子，我喜欢。

2.回忆：作者通过这篇文章说明了一个什么观点？用哪些事例来说明了自己的观点？

设计意图：课伊始，我先用课堂小测来复习巩固上一节课的生字词，然后通过回忆概括课文的主要内容。这样的复习引入法，既检查了学生上一节课的学习情况，也培养了他们的学习习惯，更为本节课的学习做了很好的铺垫。

二、品读感悟，全班研讨

师说1：（板书：？！）那么究竟是怎么把“？”拉直成了“！”的？今天我们继续走进第20课。

师说2：请大家用你们喜欢的读书方式，先读第3—7自然段，然后在文中找出“自学指南”的答案，最后同桌或小组内交流。

1. 教师：具体事例中的“问号”是什么？由此发现的“真理”是什么？从“问号”到“真理”的过程是怎样的？下面请同学们边读边思，然后再同桌交流。

2. 出示导学案：（自学指南）。

当事人	问题“？”	过程	真理“！”

3. 出示自学要求。选一选：读书的方式；读一读：课文第3—7自然段；想一想：自学指南的答案；画一画：课文中相关的句子；说一说：与同桌汇报自己学习的情况。

设计意图：古人说“不动笔墨不读书”是有道理的，不断动笔能强化记忆、整理思维、提高认识，所以语文学习中动笔很重要。教学中，我没有急于突出重难点教学，而是让学生先带着研讨的问题再次走进课文，边读边思边找出有关的句子，然后在小组内展开交流，这样接下来的学习自然就水到渠成了。

4. 学生按要求自学。

5. 小组交流汇报。

6. 指名汇报。

汇报第一个事例：

（1）理解：司空见惯、追根求源、敏锐。

（2）观看：地球自转视频。

（3）你觉得谢皮罗教授是一个________的人。你从哪里感受得到？

（4）相机读课文“善于……”，再读题目“真理诞生于一百个问号之后”。

（5）相机板书：反复实验。

汇报第二个事例：

（1）师问：你觉得波义耳同样是一个__________的人。（敏觉、坚持不懈）

（2）理解：打破砂锅问到底。

师问：打破砂锅问到底的人是__________的人。（坚持不懈、追根求源、锲而不舍）

（3）文中哪些是“发现”？哪些是“发明”？比较“发现”“发明”“创造”“成就”的不同。

汇报第三个事例：

（1）引导说话：谢皮罗教授、波义耳和奥地利医生都是__________的人，因为__________。

（2）拓展：你还能从现实生活中举出这样的事例吗？引导学生用以下句式说话：（　　）因为（　　），通过反复研究，最终（　　）。

（3）引读：善于从细小的、司空见惯的现象中看出问题，不断发问，不断解决疑问，追根求源，最后把“？”拉直变成“！”，找到真理。

设计意图：古人云：“得其法者事半功倍，不得法者事倍功半。”这句话强调了使用正确方法的重要意义。联合国教科文组织国际发展委员会编著的《学会生存》一书中指出：未来的文盲，不再是不识字的人，而是不会学习的人。因此，我们从小就应该培养自己成为能运用学习方法去主动地获取需要的知识、会学、善学的人，不要成为只会被动地接受知识的“死读书”“读死书”的人。在这个环节里，我抛出“自学指南”让学生自学、思考，然后组织开展小组研讨，同学之间交流，产生思维碰撞。这种看似轻松的学习，实际上既培养了学生自主学习的能力，也锻炼了他们与人合作的能力，相得益彰。

三、回读课文，感悟写法

1. 讨论交流：三个事例有什么相同之处？

2. 预设：

（1）这三个事例讲的都是从生活中细小的、司空见惯的现象中发现问题的人。

（2）这三个事例都是先写发现问题，再写反复试验，最后写得出结论。写法是一样的。请提出这个想法的学生把这三点写到黑板上。

（3）这三个事例中的人都是生活当中的有心人，善于观察、思考。

（4）这三个事例中的结论都是经过不断探索才得到的，从文中找到相关的句子分别说一说。（他们都是反复试验才得出结论的）

3. 小结课文的写作特点：开头提出观点，中间用具体事例说明观点，结尾重申观点。

4. 齐读最后一段。

5. 小结：同学们，让我们努力去做一个有准备的人，一个善于独立思考的人，一个具有锲而不舍精神的人！让我们每一个人都走在发现真理的路上！

设计意图：适时留白也是教学的一种艺术。我在讲解教学重难点时，没有急于求成，而是适时地给学生时间和空间。我先让学生观察刚才汇报的表格内容，然后思考发现了什么，再与同桌交流观察意见，最后再指名汇报。学生汇报时，我当好旁听者，既不打扰，也不过多点评，让学生尽情地发表自己的见解。当学生的意见将达成统一时，我再做画龙点睛的总结。这样，更好地培养了学生独立思考、与人交流的学习好习惯。

四、引入经典，感悟哲理

1. 出示小古文：明代郑之珍的《铁杵磨针》。

磨针溪，在眉州象耳山下。世传李太白读书山中，未成，弃去。过小溪，逢老媪方磨铁杵，问之，曰：“欲作针。”太白感其意，还卒业。媪自言姓武。今溪旁有武氏岩。

2. 让学生读一读小古文。

3. 出示小古文的意思，让学生自由读一读。

4. 让学生说说从小古文中明白了什么。预设：（学生1）只要有恒心，铁杵也可磨成针。（学生2）只要下了足够的功夫，事情自然就会取得成效。

5. 教师小结：只要坚持不懈，就算是铁杵，也能磨成针。目标专一而不三心二意，持之以恒而不半途而废，就一定能实现美好的理想。

6. 出示经典名句，让学生自由读一读。

（1）纸上得来终觉浅，绝知此事要躬行。

（2）知而不能行，只是知得浅。

（3）以知为首，尊知而贱能，则能废。

（4）道足以忘物之得春，志足以一气之盛衰。

（5）玉经磨多成器，剑拔沉埋便倚天。

7. 让学生选择自己喜欢的两至三句背诵积累。

设计意图：语文教学要与弘扬优秀传统文化相结合。我在引导学生理解课文《真理诞生于一百个问号之后》后，引入明代郑之珍的《铁杵磨针》以及五句诗来加深学生对“锲而不舍”“敢于实践”的体会。这样，既在语文课堂渗透了传统文化，陶冶了情操，拓展了视野，提高了人文修养，又在渗透传统文化时促进学生进一步理解了文本。

五、拓展阅读，随文练笔

1. 出示课外阅读材料：《玻璃瓶中的机遇》

2. 请学生自由阅读课外阅读材料，并说一说这篇文章的作者要阐述的观点是什么，用几句话说说写了什么具体事例。

设计意图：《义务教育语文课程标准》明确指出：“小学阶段课外阅读总量不少于145万字。各个学段的阅读教学都要重视朗读和默读。加强对阅读方法的指导，让学生逐步学会精读、略读和浏览。提倡多角度、有创意的阅读。提倡少做题，多读书，好读书，读好书，读整本的书。”因此，在课末时，我顺势让学生拓展阅读同类型的说明文《玻璃瓶中的机遇》。这样，既拓展了学生的阅读量，培养了学生的阅读兴趣，也再次巩固了本课的写作方法和学习方法，一箭双雕。

六、作业引路，读写结合

完成课后的小练笔：仿写本课的写作特点——用具体事例说明观点。

设计意图：阅读是写作的基础和前提，写作是阅读的强化与提升，然而二者又是相互促进、相互影响的。课末，我把阅读与写作融合起来，这既提高了学生的写作兴趣，也提高了学生的阅读与写作的综合能力。

七、板书明了，画龙点睛

20 真理诞生于一百个问号之后

? 反复实验 !

不断追问—得出真理

第四篇

广东省教育技术中心2018年教育信息化应用融合创新课题（市级）“信息技术与小学语文教学深度融合的案例研究”

第一章
鼎湖逸小"信息技术与小学语文教学深度融合"现状调查报告

执笔人：黄秀英　吴　蕾

一、调查背景

新课改背景下信息技术与小学语文教学深度融合是摆在我们基础教育工作者面前的重要课题。为了解小学语文教师信息化教学现状以及专业发展当中存在的问题，我校语文组组织编写《信息技术与小学语文学科教学融合现状调查问卷》，为进一步提升小学教师信息技术与语文学科深度融合的能力提供参考。

二、调查对象

本次问卷通过教务处向学校39位语文老师发放，共收回有效问卷39份。

三、数据分析

（一）课程中运用信息技术手段进行教学的次数比例

从统计上来看，目前我校语文教师在实际课程教学中运用信息技术手段进行教学的次数超过30%小时；没有老师报告自己在课程中不曾使用信息技术手段的情况。具体次数比例见下图。

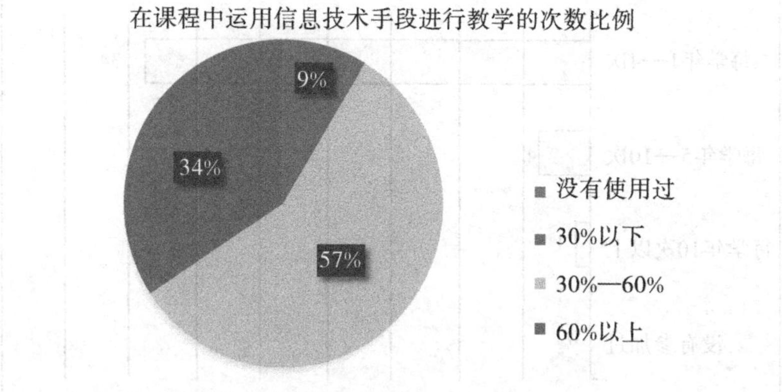

（二）运用信息技术手段进行教学的效果

当问及“在课堂上使用了信息技术后，您认为教学效果如何”的问题时，80%的老师认为教学效果显著提高，20%的老师认为效果略有提高。具体次数比例见下图。老师们表示信息技术手段可以使教学内容更加生动形象，有利于激发学生兴趣，从而有效提高教学效率。

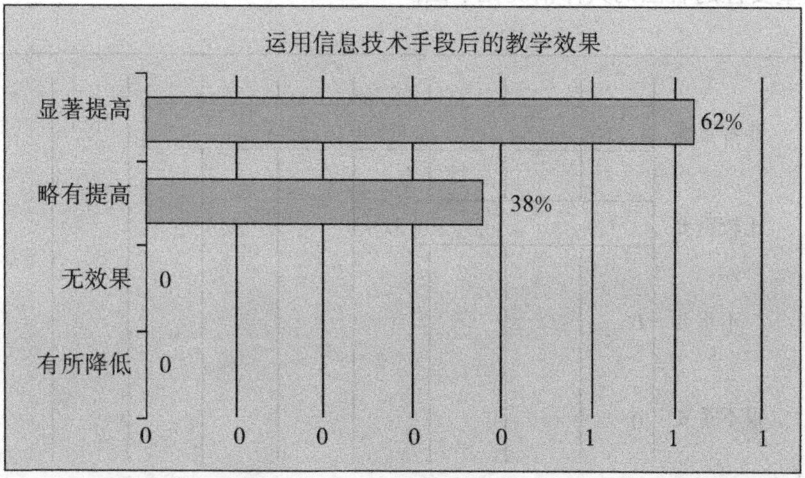

（三）每学年参加信息技术相关培训的次数

从统计上来看，我校教师报告每学年参加信息技术相关培训的频率集中在“每学年1—4次”，占86%；11.4%的老师表示自己每学年接受的培训5—10次；0.02%的老师表示自己每学年接受的培训在10次以上。教师每学年参加信息技术相关培训次数具体情况见下图。

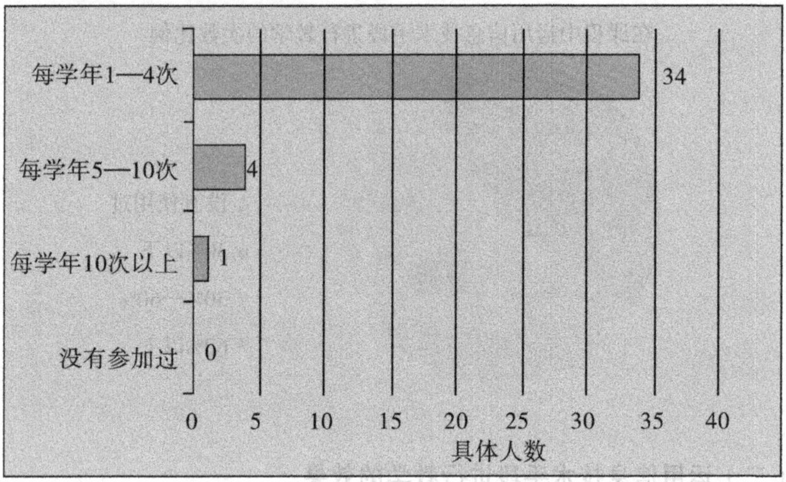

（四）教师对掌握信息技术对教师专业发展重要性的看法

调查显示，68%的老师认为在教师专业发展过程中，掌握信息技术在语文教学中的应用是非常重要的，32%的老师认为在教师专业发展过程中，掌握信息技术在语文教学中的应用是比较重要的。教师对掌握信息技术对教师专业发展重要性的看法的具体情况见下图。

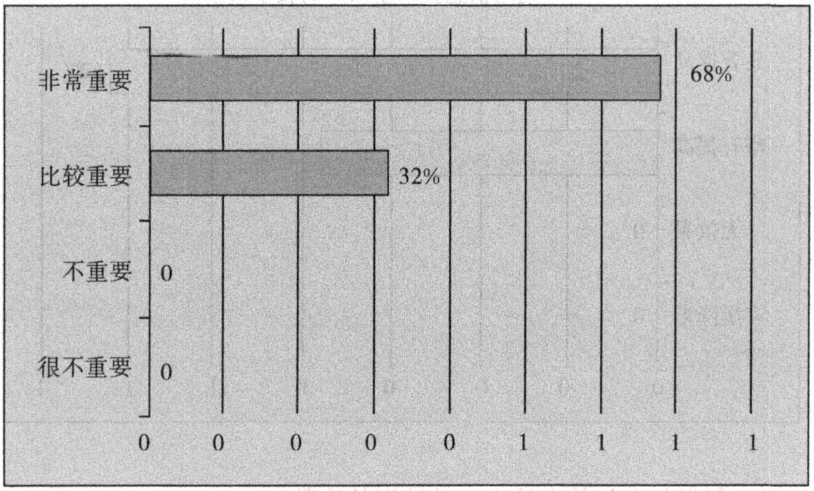

（五）教师对信息化技术和语文教学融合上的培训需求

我们通过词云图工具，对“在信息技术与教学融合的过程中，你当前最需要的是什么？请简单描述一下”这一题的答案进行高频关键词提取。老师对信息化技术和语文教学融合上的培训需求见下图。“培训”是这一题答案中的高频词语，其次是“软件”“理论”“设备”等词语。这一情况显示出多数老师在将信息技术运用到小学语文教学中面临的一些技术上的难题，他们对相关理论指导和硬软件的操作使用培训有着较高的需求。

四、调查总结

此次调查，我们分别就老师在课程中运用信息技术手段进行教学的次数比例、运用信息技术手段进行教学的效果、每学年参加信息技术相关培训的次数、教师对掌握信息技术对教师专业发展重要性的看法、教师对信息化技术和语文教学融合上的培训需求等五大方面进行了调查。在次数比例上，多数老师已经开始尝试将信息技术应用到小学语文教学的课堂中去；在教学效果上，多数老师认为信息技术的应用可以使教学内容更加生动形象，有利于激发学生兴趣，从而有效提高教学效果；在接受培训次数上，大部分教师每学年接受的技术培训次数主要集中在“1—4次”这个频率上；在重要性认识方面，所有老师都认为信息技术与语文教学融合对教师专业发展比较重要；在目前需求方面，他们对相关理论指导和硬软件的操作使用培训有着较高的需求。

五、具体建议

本次调查报告是建立在我校收回的有效问卷的基础上，经过整理分析而形成的，根据分析结果，我们提出以下参考建议：

（一）加大资金投入，改善信息化基础设备

加大资金投入，改善信息化基础硬（软）件设备，教室内接入互联网，无线网络全覆盖，满足教学、管理和生活服务要求。同时，在依托区域教育云和教学资源平台的基础上，再引进一些优质的教学软件，实现优质资源班班通，达到课堂教学云端一体化。

（二）定期开展专业培训，提高教师信息化素养

专业培训主要包括：录播教室正确使用培训，智慧教学设备定期专业培训（包括智慧课堂一对一电子书包使用培训、纸笔课堂使用培训等），邀请设备提供商为全体教师开展使用培训，有针对性地组织各科组骨干教师进行培训，让教师对智慧教学设备的使用达到娴熟的程度。

（三）创新激励模式，鼓励教师积极参与

可以通过一些激励措施，鼓励教师主动探索新型的智慧课堂教与学模式，利用各种信息技术手段进行教学资源的开发。可定期通过课题研讨课、示范课、一师一优课等方式，组织教师对信息化环境下的教学模式与教学策略的选择，教学设计、教学资源的集成与整合等进行研讨。

2018年3月13日

附：

肇庆鼎湖逸夫小学“信息技术与小学语文教学融合”现状调查表

尊敬的各位老师：

您好！非常感谢您在百忙之中填写此问卷，该问卷旨在了解小学语文教师信息化教学现状以及存在的问题，为进一步提升小学教师信息技术与语文学科深度融合的能力提供参考。答案无好坏之分，客观真实作答即可，谢谢合作！

1. 您的性别：

□男　　□女

2. 您的年龄段：

□30岁以下

□31—35岁

□36—40岁

□41—45岁

□46岁以上

3. 您的教龄为：

□1—5年

□6—10年

□11—15年

□16—20年

□20年以上

4. 您所任教的学段：

□低段（一、二年级）

□中段（三、四年级）

□高段（五、六年级）

5. 您在课程中运用信息技术手段进行教学的次数占您总教学次数的比例：

□没有

□30%以下

□30%—60%

□60%

6. 使用了这些技术后，您认为效果如何？

□有所降低

□无效果

□略有提高

□显著提高

7. 您参加过信息技术相关培训吗？

□没有

□每学年1—4次

□每学年5—10次

□每学年10次以上

8. 您认为在教师专业发展过程中，掌握信息技术在语文教学中的应用重要吗？

□很不重要

□不重要

□比较重要

□非常重要

9. 在加强信息技术与教学融合的过程中，您当前最需要的是什么？请简单描述一下：

____

____

____

____

____

第二章
"信息技术与小学语文教学深度融合的案例研究"结题报告

执笔人：黄秀英

一、研究背景、意义及价值

新课改背景下信息技术与小学语文教学深度融合是摆在我们基础教育工作者面前的重要课题，我们要深入探究小学语文不同课型的教学设计、教学策略，形成崭新的教学模式，促进教学进一步发展，达到学生终身受益的目的；探索出信息技术在阅读课、习作课、口语交际、练习课中有效应用的方式方法，力争打造出信息技术与小学语文教学深度融合的新型课堂，使师生共同受益。

美国著名的教育心理学家奥苏贝尔提出的建构主义的教学理论要求教师要由知识的传授者、灌输者转变为学生主动建构意义的帮助者、促进者；要求教师在教学过程中应当采用全新的教学理想与教学模式、全新的教学方法和全新的教学设计。当今是信息技术飞速发展的时代，高速发展的信息技术不仅加快了社会的发展进程，方便了人们的生活，也为教育的改革创造了条件。它打破了时空的界限，实现了教育教学资源的远程共享。信息技术与教育教学的有效结合，顺应了时代的要求，是推进教育教学改革和发展的必经之路！信息技术在教学中的运用和发展，不仅为教学提供了良好的学习环境，而且改变了学生的学习方式，特别是对于基础教育中的小学生而言，使他们的学习变得更加有趣，提高了他们学习的积极性，使他们的学习主体地位得到了充分的发挥和展示，进而培养了他们的创新精神和实践能力。

因此，信息技术与小学语文教学可在不同课型上进行深度融合，这为语文课堂教学、远程教育和终身学习提供了有力的保障。

二、研究目标

1. 通过研究，更加深入地了解小学语文不同课型的教学设计、教学策略。

2. 通过研究，探索出信息技术在阅读课、习作课、口语交际课、练习课中有效应用的方式方法。

3. 通过研究，打造出信息技术与小学语文教学深度融合的新型课堂，让语文教学更加高效。

三、研究内容

要想新型城镇化背景下的信息技术能与小学语文教学深度高效融合，能为教育教学高效服务，教师一定要处理好以下几个问题：1.教师能熟练地掌握现代化的信息技术，这是信息技术能与小学语文教学深度融合的必要条件；2.教师在教学中如何运用信息技术与教学内容、教学目标有效整合；3.现代化信息技术在小学语文教学中的运用要具有针对性和多样性，不同的小学语文课型如何与多样的信息技术有效融合才能达到预期的教学目标。

四、研究方法

在实验研究过程中，我们将采用观察法、行动研究法、经验总结法、调查法等，采用不同课型的授课、课后反思总结、整理并积累经验等方式对实验对象展开研究。

五、研究的步骤

第一阶段（2018年1月—2018年3月）：准备阶段，进行信息技术培训学习和探究

1. 我们根据已有的经验进行总结分析，组建课题组；根据实验教师情况明确研究对象为全体学生；利用网络学习有关信息技术方面的理论知识和实践知识；通过深入思考讨论，明确实验教师个体研究的具体问题。

2. 通过信息技术的培训学习，实验教师能够熟练掌握有关教学方面的多媒体技术，能够熟练地通过网络平台进行搜索、浏览、下载、保存我们教学所需要的资源，最终达到我们网络的资源共享。

第二阶段（2018年4月—2019年4月）：研究阶段

在前期准备充分的前提下，课题组成员针对语文学科特点对本课题进行深入探讨研究，为了使信息技术与小学语文教学深度融合在一起，各语文组课题组成员针对不同课型进行集体备课、试讲、上课、课后反思、评课等一系列教学活动。

在研究的过程中，定期召开课题研讨会，分阶段进行专题交流活动，针对实验教师的教学案例、教学反思等进行阶段性评价与总结，为进一步的研究指明方向。

以往我们形成的小学语文高效课堂的教学模式，以及本阶段课题组成员研究与总结后获得的研究成果，实验教师将二者在进行的阶段性的交流汇报中进行了系统的梳理，基本形成了信息技术与小学语文教学深度融合的新型教学模式的雏形。

第三阶段：（2019年5月—2020年1月）：总结阶段，整理研究成果

教学研究的目的在于将研究的成果更好地运用到我们的教学中去，所以课题组成员最后会将研究成果形成集子，分门别类地收集，形成资料库，实现与其他学科的资源共享，也为进一步研究做好充足准备。

六、主要工作

（一）学校重视，加大硬（软）件投入力度

1. 校园网络。实现网络服务全覆盖，满足教学、管理和生活服务要求。建设独立或共享的存储空间，学校网络出口配置固定教育网IP地址，接入带宽不低于1G，班接入带宽不低于50M。以WiFi或4G等移动通信技术为基础，推进校园无线建设，无线网络能支持移动学习、移动教学、移动办公等应用，为智慧教育构建良好的生态环境。

2. 硬件建设。近几年来，在市、区教育局的领导下，教育局和学校先后投入大量资金改善信息化基础硬件设备，改善教师办公条件，人手配备一台台式电脑，45间教室全部配备了电子白板与教学一体机，教室内接入互联

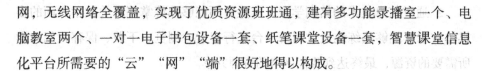

网，无线网络全覆盖，实现了优质资源班班通，建有多功能录播室一个、电脑教室两个、一对一电子书包设备一套、纸笔课堂设备一套，智慧课堂信息化平台所需要的“云”“网”“端”很好地得以构成。

3. 软件建设。在依托区域教育云和教学资源平台，在全面实现每个教室拥有多媒体设备的基础上，逸夫小学再通过引进“一凡书法软件”“小海螺”教学软件等第三方服务，实现课堂教学云端一体化。

（二）定期开展专业培训，提高教师的信息化素养

1. 录播教室正确使用培训。自录播室建成后，逸夫小学安排专人管理，为全体教师开展一次录播室正确使用培训，并分科组一一考核通过后，实验教师才能使用。

2. 智慧教学设备定期专业培训。逸夫小学积极联动智慧课堂一对一电子书包、纸笔课堂设备服务商，前后邀请技术师为全体教师开展使用培训五次。有针对性地组织各科组骨干教师培训多次，让教师对智慧教学设备达到娴熟的程度。还针对一对一电子书包、纸笔课堂中运用平台进行精细备课开展了四次专家培训。

3. 以赛课为手段，提高教师智慧课堂的使用水平。自录播教室建成以来，鼓励教师探索新型的智慧课堂教与学模式，培养教师利用各种信息技术手段进行教学资源的开发。定期通过课题研讨课、示范课、同课异构等形式，使教师积极参与晒课、一师一优课、录像课、微课、微视频、课件、优秀教案等的评比活动。组织教师对信息化环境下的教学模式与教学策略进行选择，对教学设计、教学资源的集成与整合等进行研讨。

（三）培养学生与家长的信息素养

结合信息技术课堂的实际，全面培养学生的信息素养。注重课堂中学生兴趣的培养，课堂环节围绕提高学生的信息素养来设置，每一个学生必须有一个自己的特长，如打字、画画、编程、制作网页、视频制作等等。智慧课堂实验班由原来四年级的两个，逐步增加到四五六年级每年级两个，目的是让更多的孩子灵活使用智慧课堂设备。这就要求信息技术老师一方面在课堂教学上注重学生能力的培养，另一方面在社团活动课上、少年宫开放的时间里注重学生兴趣的培养，积极辅导学生，使他们积极参加上级组织的比赛。同时，还要指引更多家长加入智慧课堂的使用中，指引家长在课外利用平板电脑和手机等与孩子开展如“好学区”“好看视频”“微课程”“粤教翔云”等信息技术支持下的智慧学习。

（四）信息技术与教育教学的深度融合

要充分发挥信息技术在学校教育教学活动中的重要作用，就应该促进现代化信息技术与学校教育教学的融合，提高课堂教学的质量。

长期以来，我们的课堂以教师的“教”为主，课堂上教学信息的传递呈单向性，这样的教学忽视了学生生命个体的存在，令学生丧失学习兴趣。2018年始，全体课题老师整体推进智慧课堂，并将平板电脑、手机与网络引进课堂辅助教学。课堂上的信息传递有学生与学生之间的、教师和学生之间的双向的实时交流，这提高了学生探索的积极性。学生是教学活动的主体，要通过探索法、发现法去探索、发现相关的信息与知识；主动搜集并分析有关信息，提出假设、验证假设；把当前的学习内容尽量与自己知道的事物相联系，并对其中的联系认真思考；通过同学之间的交流、讨论，协作学习，高效率、高质量地得到知识。学生们不仅是在学会知识，更重要的是掌握了学习与研究的方法、过程与手段，形成了自己的成果，在成果的展示中获得了成就感。

（五）加强教学资源的建设与优化

目前，学校智慧课堂的学习系统都自带教学资源，由于学生的个性化差异，这些教学资源需要教师编辑后才能使用。课题组组织实验教师通过录制微课、课件整合等方式开发教学资源。课题组定期开展智慧课堂课件、练习题的分享使用等活动，通过再次修改、收集整理，形成校本教学资源库。学校购买了“一帆”书法软件、“小海螺”教学软件等第三方服务资源，通过这种方式帮助课题组降低教学资源建设的难度。

（六）探索智慧课堂教学的多元化评价

智慧课堂教学是一种信息化教学，因此课题组根据信息技术与课堂教学融合的定义找出评价智慧课堂教学的要素：营造信息化教学环境、实现新型教与学的方式、变革传统课堂的教学结合。教师通过信息技术手段进行教育数据的获取、分析和积累，支持教学过程评价，实现学业动态诊断。

1. 学前诊断，教学有的放矢。通过学前测评数据分析，帮助教师准确了解学生对将要学习知识的未知程度，明确现有水平和可能发展水平之间的差距，从而实施有针对性的教与学。

2. 课堂评价，促进教学生成。在课堂教学中，利用测评技术开展形成性评价，及时了解学生是否掌握了知识概念，从而对教学进度和内容进行适度调整。

3. 课后测评，支持个性发展。在数据长期积累的基础上，对学生的知识缺陷进行分析，支持学生在学习内容、作业练习上进行个性化选择，使每个学生用相同的时间做有针对性的练习，从而获得更好的学习效果。

（七）探索智慧课堂的教学模式

总体来看，传统课堂是“先教后学”，翻转课堂是“先学后教”，智慧课堂是“以学定教”，即通过技术手段采集和分析学生学习数据，制订合适的教学策略。逸夫小学根据智慧课堂的特点，参考目前国内智慧课堂三大教学方法（模式）——翻转课堂式的教学模式、课改形成的教学方法（模式）、具有学科特点的教学方法（模式），探索适合学校实际情况的教学模式。

课前，教师通过教学平台发布媒体学习资源，媒体学习资源包括学习任务单、学案、音视频、PPT、预习测验等，学生通过PC机、手机等“端”工具登录学习平台进行课前学习，遇到困难可以与同学、老师在线交流，进行较为深入的学习。教学平台会自动记录学生的学习情况，为教师的学情分析提供可靠的依据，教师据此进行教学设计。

课中，学生根据教师课前的预先安排分组汇报，除了完成教师指定内容的汇报，还要自选内容分享学习收获，就课前学习中遇到的问题当堂向同学或教师求助。教师对各小组学生的学习情况做出评价，对学习中的问题予以解答。在此基础上，教师针对学生学习中的难点问题进行重点讲解，并拓展深化，提出新的更具难度的问题或任务，学生做进一步探究，并在小组中交流。教师通过在线测试了解学习情况，在大屏上展示统计结果，做针对性讲解，最后总结。

课后，教师在教学平台发布作业，学生根据自身实际选择难度系数不同的题目，有的题目重在巩固基础知识，有的题目偏向知识的拓展。学生在做作业时遇到困难可以在讨论区留言，其他学生解答，教师也可参与。当学生完成客观题后，系统会自动批阅，并有答案解析，学生即刻获得反馈；教师批完主观题后，从统计数据中找出错误率高的题目，制作讲解的微课视频上传，供学生观看学习，学习困难的同学可以反复观看直至学会。

（八）合力共研"宅家空中课堂"

亥末庚初，新冠肆虐，举国防控，全民宅家。为了响应教育部"停课不停学"的要求和全面落实《广东省教育厅防控新型冠状病毒感染的肺炎疫情工作领导小组关于加强疫情防控期间中小学教育教学管理工作的通知》的精神，我校"五育"并举，家校协同，全力打造独具特色的"逸小宅家空中课堂"。课题组的成员在黄秀英主持人的带领下，坚持停课不停学，停课不停研，全体课题组成员凝心聚力，带动其他科组的老师开展线上教育教学活动。我们通过线上集体教育教学视频研讨会、微课录制培训、平台操作培训、线上批改培训、推送精品微课程等，采用"国家课程+校本课程""自主学习+互动答疑""学校+家庭""集中+分散"等多种形式，以"提问—编题—实践"的方式完成学习过程，输出学习成果，并以结果为导向促进学生完成深度学习，形成更好的正向激励循环：

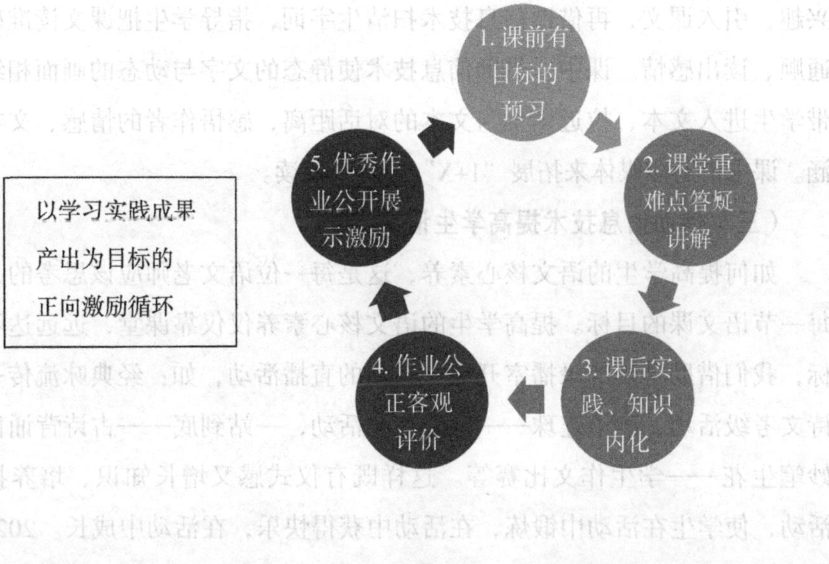

逸夫娃在"宅家空中课堂"的复习中巩固，在巩固中拓展，在拓展中提高。学生线上参与率100%，每天按课程表实时在线学习的孩子达96%，完成

作业人数达94%，自主学习次数达98%，在线师生互动、生生互动的人数达60%。

七、智慧课堂显成效 凝心聚力结硕果

（一）借助信息打造智慧课堂

学校为课题组搭建了多媒体“一对一”环境下的智慧课堂，让集电子化课本、学习资源、教学平台于一身的智慧课堂进入常态课堂，并形成智慧课堂四步教学法。第一步：推送任务，诊断教学；第二步：基于问题，自主探究；第三步：拓展阅读，迁移运用；第四步：提炼升华，巩固延伸。智慧课堂四步教学法通过课前诊断教学，引导学生提出问题，教师及时梳理，从学生的问题和不懂开展教学，引导学生在解决问题中获取知识。这样的智慧课堂智慧育人，育智慧人。这种智慧课堂四步教学法已在学校的英语、数学、音乐等学科中推广使用，学生学习有热情，教师教学有激情，教育效果好。

（二）借助信息技术辅助阅读教学课堂

课题组在三年的教海探航中，找到了信息技术与小学中年段语文阅读教学深度融合的“法子”：品读—悟读—延读。课始，创设情境，激发学生兴趣，引入课文，再借助信息技术扫清生字词，指导学生把课文读准确、读通顺、读出感情。课中，借助信息技术使静态的文字与动态的画面相结合，带学生进入文本，拉近学生与文本的对话距离，感悟作者的情感、文本的内涵。课末借助多媒体来拓展“1+X”的课外阅读。

（三）借助信息技术提高学生语文素养

如何提高学生的语文核心素养，这是每一位语文老师应该思考的，也是每一节语文课的目标。提高学生的语文核心素养仅仅靠课堂，远远达不到目标，我们借助学校的录播室开展一系列的直播活动，如：经典咏流传——古诗文考级活动，妙语连珠——成语比赛活动，一站到底——古诗背诵比赛，妙笔生花——学生作文比赛等。这样既有仪式感又增长知识、培养技能的活动，使学生在活动中锻炼，在活动中获得快乐，在活动中成长。2020年春季，逸夫娃在“宅家空中课堂”的复习中巩固，在巩固中拓展，在拓展中提高。学生每天坚持背诵一首古诗词人数达100%，每天坚持听写、默写人数达

99.5%，每周完成背诵和听写、默写任务人数达94%。学生在不一样的线上学习中，却有同样的收获。

（四）借助信息技术激起老师探航的热情

经过三年课题实验，16位课题老师在自己的苗圃中收获了，成长了：区级以上获奖或发表的论文近40篇，优秀课件近50个，课题研讨课20节，课题展示课15节，课题推广课16节，辅导学生参赛达50人次。2020年庚子初春的线上教育，课题组的成员在平台筛选了近1000个微课视频，编写了近300节课堂练习，录制了近400个微课视频。其中，《直述变转述句》等40多个优秀微课视频和多篇优秀案例被慕课窗口、南方+、一师一优课等具有影响力的平台向社会公开发布推送；《我爱改病句》等100多个微课视频被鼎湖区教育局教研室收用，并在全区发布给兄弟学校共享，反响颇好。

（五）借助信息技术拓宽教师增值的渠道

以前我们为一睹名师的风采，跋涉千里，几经周折才听几节课，花费大收效少。现在我们借助多媒体多次组织课题老师通过直播观看名师讲课，如：2019年12月观看了全国首届部编教材的观摩课，聆听了陈先云会长的讲座；2019年12月观看了“对分课堂”的专题讲座等。

（六）借助信息技术辐射推广，成果更大

课题组与区教研室、广东省陈月容名教师工作室打组合拳，借助区教育局的直播系统，开展一系列课题成果推广活动：2019年4月开展了三场“肇庆三地交流活动”，课题示范课15节，课题推广课16节，同课异构4次。通过课题示范课，向鼎湖逸夫小学的其他科组推广“智慧课堂四步教学模式”，效果显著：谢燕兰老师在2018年“华渔杯”全国中小学教师信息化教学设计能手大赛中荣获多媒体课件评比赛小学组三等奖；李砚霞、陈海英等三位老师在2018年广东省计算机教育软件评审活动中荣获小学组一、三等奖；李砚霞等四位老师参加2018年肇庆市计算机教育软件评审活动的微课作品获一、三等奖。2020年3月24日上午，在肇庆市线上教育中期评估总结视频会议上，黄秀英副校长代表鼎湖区做了工作经验介绍，这是市、区教育局对我校线上教育工作的肯定与鼓励。这种“近道现场取经+远程直播”的方式，辐射更广，影响更大，效果更好。

智慧教室内，正在打造的是一个以学生为中心的，贯穿管理者、教师和学生之间的全生态圈的教学模式：老师从讲台上走下来，就坐在学生旁边，面对面讨论；同学们纷纷拿出自己的手机和电脑，提交课程方案。这样的模式让每个人都融入进去。一系列“互联网+”的教学改革举措构建的智慧课堂，全方位、多角度地提升了课堂教学成效，着实提高了学校的教学质量。

八、思考的方向

1. 如何以课题为抓手更好地提高教师的理论与信息技术水平。

2. 如何提炼课题成果，完善智慧课堂四步教学法，以影响一批有教育智慧的老师，让课堂更有智慧，育智慧人。

（此课题成果荣获第七届肇庆市基础教育科研成果一等奖）

第三章 优秀论文

信息技术与小学语文阅读教学的美丽邂逅

肇庆鼎湖逸夫小学 黄秀英

教育部公布2019年工作要点：推进信息技术与教育教学深度融合。2016年教育部发布《教育信息化“十三五”规划》，对教育信息化提出了“深化应用，融合创新，用技术去创新教学”的明确要求。众里寻他千百度，蓦然回首，那人却在，灯火阑珊处。小学语文阅读教学与信息技术再一次美丽邂逅。它们注定是最佳的伴侣：呆板的语言文字，抽象的画面，远去的历史，有距离感的知识……只要碰上了信息技术，所有问题都可以迎刃而解。那么信息技术如何与小学语文阅读教学深度融合呢？我做了以下的尝试：

一、巧用多媒体动画，远看“山”有色

小学语文阅读教学巧用多媒体动画，课堂远看山有色，成为有声有色的灵动课堂，画面鲜活，文字充满美感，这些更有效地激发了学生内在的学习动机，学习从被动变主动，最终小学语文课堂教学的高效性、趣味性得以提升。

兴趣是最好的老师。为了更好地提高学生的学习兴趣，为学生学习新课做好情绪铺垫，在学习部编版语文五年级上册《圆明园的毁灭》这篇文章时，我把课文变为更有画面感的flash动画——把图画、音乐与文字相结合，制作了flash课文朗读动画。课始，我先让学生在智慧课堂的电子书包中打开《圆明园的毁灭》朗读欣赏的视频，这个动画根据文字内容选择合适的图片，加上《大唐盛世》等几首歌曲剪接而成。学生似乎真的走进圆明园游

览了一番，画面感特别强，这让学生对课文有了更深刻的印象。这种有声有色的课堂更能激起学生的学习兴趣，为下面的学习做好铺垫。所以，在语文阅读教学中巧用多媒体动画，让抽象的文本更加直观，会让学生的语文学习充满趣味性和新颖性。

在教《詹天佑》时，我先让学生自读，讨论理解课文内容，然后通过flash动画视频，重现开凿八达岭和居庸关隧道的画面，接着让学生观看“人”字形线路flash动画，最后借助智慧课堂的一对一电子书包让学生动手实践操作。教师一切尽在不言中，学生的“疑问”全在观看flash动画和动手实践中得到解决，学生获取知识和突破教学重难点自然水到渠成。

小学语文阅读教学与信息技术的美丽邂逅——有声有色的课堂，变呆板的文字为动画，变无声的文字为有声的画面，适当地配上音乐，这就大大地提升了教学的效率，让课堂变得更加生动有趣，让学生的视野也变得更加开阔，呈现出一个合作、探究、交流、分享的远看“山”有色的课堂。

二、巧用微课视频，润物细无声

微课形象生动，针对性强，学生易于理解和接受，教学的重难点一击即破，润物细无声。在部编版语文五年级上册《冀中的地道战》第4、第5自然段了解地道构造之“奇”的教学中，课前我采用flash制作了一分钟左右的微课视频，课堂教学时先让学生读文段，再观看微课视频，学生快速、直观地了解了地道的特点，原来抽象的“陷坑、迷惑洞、孑口、单人掩体”等名词，学生自然而然地心领神会了，悄无声息地理解了“一夫当关，万夫莫开”的意思，为下文的学习、为升华学生的情感做了很好的铺垫。

微课，不受时间和地点的约束，不同层次的学生可以有不同的微课选择，学生可以根据自己的学习水平和基础能力来调控视频的快慢。微课视频还有可以反复播放的优点，课上接受能力较差的同学，课外可以通过反复观看微课跟上同学的学习节奏。所以，微课可以很好地解决教学的重难点，还可以有效解决后进生在课堂上跟不上学习节奏的问题。《圆明园的毁灭》第4自然段，内容看似简单，但理解其情感十分重要，为下文学习侵略者如何破坏圆明园，体会作者内心之痛起重要的铺垫作用。所以，我采用了“微课前置性学习”的教学策略。课前学生观看微课，课堂上我抓住关键词句让学生品读，学生很快就走进了文本，理解了文本，感受到圆明园的价值之高和收藏不易，更明白其在世界上的地位，润物无声地达到情感铺垫的效果。

三、巧用网络资源，心有灵犀一点通

心智尚未成熟的小学生，他们的认知水平都是建立在具体、形象的思维基础之上的，越是通过一种直观的画面去呈现，越能够增强学生的情感体会，产生共鸣，与文本心有灵犀一点通。现在网络信息资源十分丰富，我们在小学阅读教学中巧用网络信息资源辅助教学，会让文本更加活灵活现，学生易于走进文本，融入文本。如《圆明园的毁灭》的第5自然段，作者用“侵入、闯进、凡是、统统、掠走”等词语，准确地写出了英法联军的野蛮与暴力，呈现了圆明园被毁灭的命运。但是这历史与孩子有一定的距离，学生难以通过文字形成画面感，难以对文本产生共鸣。教学时，我剪取了将近两分钟的网络视频——电影《火烧圆明园》的片段，将其带进课堂，让学生观看。虽然视频只有短短的两分钟，却带给学生非常深刻的英法联军三天三夜的暴行画面。视频让学生重履历史的脚印去感受圆明园的毁灭，去体会英法联军的野蛮与暴力，学生学习更有共鸣，从而深化对文本的解读。

又如在教《冀中的地道战》时，我通过搜集网络上各种地道图片，然后制作成PPT自动播放，教学时让学生观看课前搜集的地道图片，让学生快速直观地了解地道战的特点，感受地道的神奇，然后顺势引导学生理解地道战取得成功的关键在于中国人民的智慧和保家卫国的顽强斗志，从而达到了文道合一的目的。

信息技术与小学语文阅读教学的美丽邂逅，改变了传统的教学模式，丰富了教师的教学方式，亦让学生更加直观地接受知识，感受文字细腻、含蓄的意蕴，拓展学生思维的空间，激发学生的创造力、想象力，激起学生对阅读的兴趣，从而提高他们阅读的品质。

参考文献

[1] 章剑卫，姚灶华.信息技术与课程整合的研究与实践［J］.中国电化教育，2004.

[2] 木沙，阿勒玛.信息技术与传统教学的整合［J］.中国教育信息化，2004.

第四章　优秀案例

1

《冀中的地道战（第二课时）》教学设计

（部编版小学语文五年级上册）

肇庆鼎湖逸夫小学　黄秀英

【教学目标】

1. 带着问题，用较快的速度默读课文。

2. 小组交流，找出相关句子梳理问题。

3. 理解地道战取得成功的关键在于中国人民的智慧和保家卫国的顽强斗志。

【学法引导】

1. 教法：引导学生自读自悟，并以小组为单位合作学习，辅之以电影录像资料完成本课教学。

2. 学法：以小组为单位，综合运用前面学到的阅读基本功——读、思、讲、辩，理解课文内容。

【重点 · 难点 · 疑点及解决办法】

1. 重点：了解冀中地道的结构特点。

2. 难点：理解为什么说中国人民的智慧是无穷无尽的。

3. 疑点：为什么把冀中的地道战称为抗日战争史上的“奇迹”？

4. 解决办法：借助多媒体充分利用影视资料并通过小组合作探究突破重、难点。

【师生互动活动设计】

1. 教师引导学生自学自悟，并通过播放影视材料帮助学生理解课文内容。

2. 学生自读自悟，以小组为单位，通过读、思、讲、辩理解课文。

【教学准备】

1. 微课《我来说地道》。

2. 课外阅读视窗《我爱家乡的地道战》。

3. 上课PPT。

【教学过程】

一、回顾课文，回忆“奇迹”

1. 出示课文填空。

2. 回忆课文主要讲了什么。

设计意图：本环节主要采用巩固复习法，用填空的形式帮助学生回顾课文主要内容，再通过问题引导学生说感受，激发学生的学习兴趣。

二、默读课文，探究“奇迹”

1. 出示问题：地道是怎么样的？人们在地道里怎么生活？人们在地道里是如何攻击敌人的？人们怎么知道地面上的情况？

2. 学生带着问题默读课文。

设计意图：本环节主要采用设疑激趣法和小组研读法，先帮学生梳理上一节课的有价值的问题，再引导学生根据问题开展小组课前研读，最后带着研读的问题回归本节课的学习内容。这样就做到了使学生从问题中来，又到问题中去。用之前的阅读方法反复让学生带着问题快速默读课文，感受高质量阅读的好处。

三、研读课文，分享“奇迹”

教师根据学生的汇报，相机点拨，适时借助媒体辅导理解。

预设1：了解地道构造之奇（第4、第5自然段）

1. 指名汇报。

2. 观看微课《我来说地道》

3. 小组合作练习介绍地道。

4. 指名介绍地道。

5. 理解句子：地道的出口也开在隐蔽的地方……他们也过不了关口。

6. 相机理解：陷坑、“迷惑洞”、孑口和“一夫当关，万夫莫开”。

7. 引读句子，升华情感：为了打击敌人，什么办法都想出来了，人民的智慧是无穷无尽的。

预设2：了解在地道里如何生活和生产。（第4自然段）

1. 指名汇报。

2. 相机出示句子：地道有四尺多高……不妨碍上面种庄稼。

3. 相机理解：妨碍。

4. 引导说话：有的……有的……有的……有的……。

5. 引读句子，感受地道的“奇”：敌人来了，我们就钻到地道里去，让他们扑个空；敌人走了，我们就从地道里出来，照常种地过日子，有时候还要打击敌人。

预设3：了解地道如何防御敌人的破坏。（第6自然段）

1. 教师问：敌人想到了什么毒辣法子来破坏？（水攻、火攻、毒气）

2. 引导学生了解人民防备的“妙计”。（土和沙、挖暗沟、吊板）

3. 多媒体播放：敌人“水攻”“放毒气”的小视频。

4. 拓展：敌人毒辣透顶的“扫荡”法子。

5. 引读句子，升华情感：有了地道战这个斗争方式，敌人毒辣透顶的“扫荡”被粉碎了。冀中平原上的人民不但坚持了生产，还有力地打击了敌人，在我国抗日战争史上留下了惊人的奇迹。

预设4：“地道通讯联络组”分享，了解地道里信息传递的奇妙方式。（第7自然段）

1. 让学生汇报联络方法：“无线电”“有线电”。

2. 理解双引号的作用。

3. 引读句子：冀中平原上的人民不但坚持了生产，还有力地打击了敌人，在我国抗日战争史上留下了惊人的奇迹。

设计意图：信息技术是实施新课标的有力工具和重要手段，在信息技术与语文课程整合的探索和实践中，我们应充分发挥信息技术的优势，针对不同的教学内容和教学要求，具体研究信息技术的应用模式。在本环节的教学中，我恰当地借助多媒体视频、微课和网络资料，把文章的时代距离感拉近，学生学习更有共鸣，从而深化对文本的解读，了解地道战的特点，感受地道的神奇。最后，我顺势引导学生理解地道战取得成功的关键在于中国人民的智慧和保家卫国的顽强斗志。

四、总结课文，升华“奇迹”

1. 出示练习：

（1）（　）敌人来了，我们（　）钻到地道里去，让他们扑个空。

（2）人藏在洞里，（　）不气闷，（　）不嫌暗。

（3）（　）进了活道，敌人（　）过不了关口。

（4）（　）敌人想出什么毒辣的法子，我们（　）不怕。

2. 拓展：抗日战争资料。

3. 师问：你觉得地道战取得成功的关键是什么？

4. 引导学生读：为了打击敌人，什么办法都想出来了，人民的智慧是无穷无尽的。冀中平原上的人民不但坚持了生产，还有力地打击了敌人，在我国抗日战争史上留下了惊人的奇迹。

5. 拓展地雷战阅读资料。

6. 多媒体播放：抗战胜利小视频。

7. 师生合作读。

冀中平原上的人民

用自己的智慧和斗志

把敌人毒辣透顶的“扫荡”粉碎了

在我国抗日战争史上留下了

惊人的奇迹

设计意图：课末通过填关联词的练习，帮助学生复习梳理课文，再次回味“奇迹”，从而顺延问题（地道战取得成功的关键是什么？），小结全文。最后，通过师生合作朗读和借助多媒体视频再次升华学生的情感自然就水到渠成了。

五、拓展阅读，梦延“奇迹”

1. 出示课外阅读文章《我爱家乡的地道战》。

2. 出示阅读要求：用较快的速度默读课文，并完成以下问题。

（1）文中的“单人掩体”和“隘口”各有什么作用?

（2）敌人往地道里灌水或放烟时，地道里的人是怎么应对的?

3. 指名汇报。

4. 师生合作读，小结全文。（根据课文内容改编）

人民，只有人民
不但坚持了生产，还有力地打击了敌人
人民，只有人民
敌人毒辣透顶的“扫荡”被粉碎了

在我国抗日战争史上，地道战——
留下了惊人的奇迹
人们的智慧和斗志——
也留下了惊人的奇迹
在祖国70华诞的今天
我们要切记——历史
我们也要切记——抗战英雄
我们更要切记——珍惜当下，奋发图强

设计意图：温儒敏说：“最好的阅读课是往外延伸的，部编教材重视将阅读往课外延拓。”所以，本节课的课末我拓展阅读《我爱家乡的地道战》，再次巩固延伸本单元的语文要素——快速阅读方法。同时，我把课文内容与本单元的人文主题相联系，把思想教育渗透在师生的朗读中，这起到润物细无声的效果。

六、家庭作业，回味“奇迹”

1. 用快速阅读的方法读有关抗日英雄的故事，准备10月份的“课前一分钟的演讲”。

2. 观看电影《地道战》。

设计意图：布置作业是教学中的重要环节，它与课堂教学、课外活动构成了小学语文的教学体系，是对课堂教学的巩固，是提高教学质量的重要途径。我布置了用快速阅读的方法读有关抗日英雄的故事和观看电影《地道战》的家庭作业，这是把巩固延伸本单元的语文要素和提高学生写作业的兴趣进行了有效的结合，也进一步升华了学生的爱国情怀。

七、板书：图文结合，突出“奇迹”

8　冀中的地道战

保护自己　　　　坚持生产

“奇迹”

粉碎“扫荡”　　打击敌人

设计意图：板书设计是小学语文课堂教学中的一个重要组成部分，是一种很重要的教学手段。我的板书设计力求做到简洁、实用、构思精巧，用简练的文字、线条来直观地反映教学内容和突出教学重点，以增强课堂教学的吸引力、启发性和感染力。

2

《詹天佑（第二课时）》教学设计

（人教版小学语文六年级下册）

肇庆鼎湖逸夫小学　黄秀英

一、教材分析

本文以人物的名字为题，记叙了詹天佑主持修筑第一条完全由我国工程技术人员设计、施工的铁路干线的事，展现了一位杰出的爱国工程师的崇高形象。

全文分为四部分，第1自然段，概括介绍詹天佑是我国杰出的爱国工程师；接着，通过2，3小节对詹天佑接受任务时的背景介绍，反映出其主持修筑京张铁路的重大意义；4—6小节按照工程进展的顺序，选取勘测线路、开凿隧道和设计“人”字形线路三个内容来叙述詹天佑主持修筑京张铁路的过程；最后，写京张铁路提前两年竣工及中外人民对詹天佑的怀念，点明事件的意义——有力地回击了帝国主义者对中国人民的藐视和嘲笑。

本单元的教学目标之一是继续学习根据课题、重点句子、课文的线索等归纳课文的主要内容。根据课文表达方式，本文教学的重点在于引导学生通过对人物言行的描写感受人物的心理活动，体会詹天佑强烈的爱国精神和杰出的专业素养，同时能够学习文章在写作上的两个特点——“先概括后具体”“围绕中心选材”。基于这样的认识，在教学中，我将采取读读议议、讲讲练练、适当补充资料、媒体演示等教学手法来降低和化解学生学习上的难点，并根据学生的实际情况以学定教。

二、教学目标

1. 抓住重点段、句、词，深刻理解课文内容。

2. 了解詹天佑修筑铁路的过程，理解詹天佑为什么是我国杰出的爱国工程师，激发学生的爱国热情。

设计意图：这样确定教学目标，使传授知识、发展能力、进行思想教育紧密结合在同一个教学过程中，互相渗透，共同完成。

三、教学重点

了解詹天佑修筑铁路的过程，并理解“两端凿进法”“竖井开凿法”和“‘人’字形线路”。

四、教学难点

理解“竖井开凿法”和“‘人’字形线路”，从而体会詹天佑为什么是我国杰出的爱国工程师。

五、教学准备

学生：

1. 整体感知课文，了解詹天佑毅然接受任务时险恶的社会环境。

2. 通过“云技术”了解有关铁路的知识。

教师：

1. 深入解读文本：查阅修筑京张铁路的背景资料，詹天佑的为人、事迹及成就等资料。

2. 设计配套的课件：PPT教学课件、flash动画课件（居庸关和八达岭隧道的开凿、“人”字形线路演示课件）。

六、教学流程

（一）复习反馈，再现人物

1. 出示铁路图。

2. 师指着板书说：经过上一节课的学习，我们知道詹天佑在困难重重的情况下，接受了修筑京张铁路的任务。詹天佑面对嘲笑、恶劣的自然环境毅然接受任务，从中可以看出詹天佑是一个（爱国的工程师）。

设计意图：教师的任何教学方法和行为都应以学生的自读、自悟为基础，尊重学生已有的认知和理解水平以及自学能力。而在学生已有的基础之上，通过图文对照复习旧知识，理清作者的思路，引出新知识，引导学生深入思考，加深他们对课文的理解、对人物的认识。这才是教师在语文教学中应当做的工作。

（二）精读课文，体会感悟

设计意图：这篇课文有不少学生难以弄懂的难点。特别是课文4—6自然段有关修筑居庸关、八达岭隧道和“人”字形线路的内容最难，并非“书读百遍”就能“其义自见”的。由于学生的生活经验少、阅历浅，即使看挂图，也因是平面图而难以理解。詹天佑的“杰出”主要表现在“勘测线路、开凿隧道、设计‘人’字形线路”三个方面。而创造性地开凿隧道、设计“人”字形线路是本课的难点，我在多媒体课件中设计了“读读画画”“难点突破”两个栏目（出示网页flash课件），学生通过边读课文边画示意图，再结合“难点突破”中的三个多媒体小动画来自主学习（出示网页课件）、动手操作，小组交流，感悟詹天佑因地制宜、大胆实践、勇于创新的精神。

勘测线路——体会爱国

1. 默读课文第4自然段。

2. 找出描写詹天佑说的、做的和心里想的的句子。

3. 指名汇报。

詹天佑说的句子：

① 让学生读句子。

② 理解品悟：詹天佑的工作态度（一丝不苟）。

③ 让学生读排比句。

板书：周密。

詹天佑做的句子：詹天佑一丝不苟的工作态度，化作了行动。

1. 指名读。

2. 齐读。

3. 找出动词。

4. 概括出（夜以继日）。

詹天佑想的句子：

过渡语：詹天佑这样工作，源于他怎样的信念。

1. 指名读。

2. 师指导朗读。

3. 师小结：从中我们可以感受到詹天佑是一个（爱国的工程师）。詹天佑在勘测线路时的严谨和周到，在面对困难时的勇气与决心，给了同伴信心。

设计意图：学习第4小节，了解詹天佑修筑铁路的具体事例，重点体会其在修筑铁路时所表现出的杰出才能。以人物的“心理活动”描写为切入点，体会詹天佑在勘测路线时所表现出的一丝不苟、以身作则的工作态度。

开凿隧道——体会杰出

1. 默读第5小节。

2. 师出示居庸关和八达岭的简易图。

3. 让学生根据课文内容画出描写两座山特点的句子。

4. 请同桌互相读读描写两座山的相关句子。

5. 出示幻灯片，再找出开凿两条隧道方法的句子。

6. 让学生自由画一画开凿两条隧道的简易图。

7. 检查反馈。

居庸关：

① 出示幻灯片示意图。

② 让学生判断自己的示意图是否画得正确。

③ 全班反馈。

八达岭：

① 让学生观看动画。

② 让学生修改自己画的示意图。

③ 出示幻灯片示意图。

④ 补充文本空白：两口竖井的资料及动画。

⑤ 出示幻灯片对比图。

⑥ 用这样的方法开凿隧道，有什么好处和困难？

板书：巧妙。

詹天佑采用了两种不同的方法来开凿隧道，可以看出詹天佑是一个怎样的人？

⑦师小结：詹天佑的想法精妙绝伦，他面对不同的地形，采取不同的巧妙的开凿方式，达到事半功倍的效果。这就是一个（杰出的工程师）。

⑧板书：杰出。

设计意图：自主学习课文的第5小节，通过感受詹天佑的内心活动和观看詹天佑开凿隧道的多媒体动画，体会其在修筑铁路时所表现出来的杰出。

设计"人"字形线路——品味创新

1. 先请同学找出描写"人"字形线路的句子，并朗读。

2. 媒体演示何为"人"字形线路。

3. 让学生在小组内交流，试画出"人"字形线路图。

4. 再播放"人"字形线路图，然后让学生自行更正"人"字形简易图。

5. 师问：这样的设计有什么好处？

板书：创新。

6. 师小结：因为他不同于一般的工程师，这就是他的过人之处。我要告诉大家的是：像詹天佑设计的这种“人”字形线路用于达到减缓坡度的目的，这可是他的首创，是别具一格的设计。从中可以感受到詹天佑是我国（杰出）的工程师。

设计意图：自主学习课文的第6小节，通过多媒体动画和补充资料帮助理解这样的设计模式在生活中的运用，再次感受詹天佑在修筑铁路时的专业和创新。

（三）拓展延伸，总结升华

1. 让学生汇报课外搜集到的有关现代铁路的知识。

2. 一边播放现代铁路的图片，一边播放歌曲《坐上火车去拉萨》。

设计意图：语文源于生活，用于生活。这样拓展文本，通过“云技术”让学生走进生活，走进网络，从另外一个角度去体会文本。

七、作业设计

1. 小实践：继续搜集有关现代铁路的知识。

2. 拓展阅读：课外，找一些相关科学家的故事读一读。

设计意图：文本无非是一个例子，剖析它的目的在于让学生从中学习写作和阅读的方法。课外学生通过“云技术”去搜集、阅读更多的知识，这样，他们的视角不再局限于一篇文章，他们头脑中的刻画人物的诸多方法也能得到梳理，这为他们今后在习作中进行人物描写奠定基础。

八、板书设计

7 詹天佑——杰出、爱国的工程师

（铁路线段图简笔画）	勘测线路	精密
	开凿隧道	巧妙
	设计“人”字形线路	创新

设计意图：这个板书设计图文并茂、直观、简洁，反映出了詹天佑杰出的才干和爱国情怀。

3

《梦想的力量》教学设计

——ForClass让语文课堂更高效

肇庆鼎湖逸夫小学 陈玉燕

【教学目标】

1. 知识与能力：正确、流利、有感情地朗读课文；领会课文表达的特点。

2. 过程与方法：抓住重点词句，联系上下文和生活实际，运用ForClass让学生更好地体会句子含义和作者表达的思想感情。

3. 情感、态度和价值观：读懂课文内容，体会题目含义。从字里行间感受瑞恩心灵的美好，并懂得仅仅有梦想是不够的，还要通过不懈的奋斗，梦想才能成真。

【教学重点】

抓住重点词句，联系上下文和生活实际，运用ForClass让学生更好地体会句子含义和作者表达的思想感情。

【教学难点】

体会梦想的力量、爱的力量的巨大。

【教学课时】

一课时。

【教学过程】

一、创设情景，导入课文

1. 生运用ForClass平台上网搜索非洲缺水的相关资料或图片。

2. 提问引出课题：

（1）请看老师出示的几张非洲缺水的图片并结合你们了解到的资料，你最想说些什么？

（2）学生汇报。

（3）教师小结揭题。

设计意图：让学生运用ForClass平台上网搜索，更直接地了解世界各地缺水的情况，并结合老师出示的几张非洲缺水的图片，产生对非洲缺水严重感到震撼的情感，从而有效地进入课堂。

3. 落实生字词：

（1）学生齐读生字词，并给予20秒时间速记生字词。

（2）生在ForClass平台上完成本课生字词的练习，同时老师在ForClass平台随堂检查学生对生字词的掌握情况。

设计意图：ForClass能即时反馈学生练习的完成率和正确率，老师能快速知道学生对生字词的掌握情况，既省时又高效。

二、整体感知，概览“梦想”

师：学习略读课文的时候，如果能够凭借快速浏览课文来找到有效的信息，解决相关的问题，这是有本事的表现。接下来，我们试一试，快速浏览课文后小组交流讨论“导学提示”中的2，3两题，小组统一答案后拍照上传。

导学提示：

1. 自学生字词，要求会读会写。

2. 阅读提示要求我们掌握什么？（学生找出来后拍照上传到ForClass平台）

3. 学习概括课文的主要内容。（学生概括后拍照上传到ForClass平台）

4. 梳理文本完成下列表格。（学生能利用ForClass平台上网搜集相关的资料）

生：汇报。

师：听了这个小组的汇报，其他小组还有不同的意见吗？如果你认为这个小组完成得不错，就请给这个小组投一票。看来这组完成得不错，得到这么多同学的支持。

设计意图：利用ForClass查看屏幕，出现各小组完成的表格情况，再点击，关注其中的一个小组进行交流。这一环节的设计培养了学生快速浏览课文，然后合作解决问题的能力，更重要的是训练了学生运用新技术解决学习上的问题的能力，高效地培训了学生的自学能力。

三、自主探究，感悟“梦想”

1. 请同学们再次默读课文，画出让你感悟深刻的地方并说说为什么。

2. 学生交流感悟。

3. 拓展相关资料，加深理解梦想的力量。

【出示资料】

起初，挖井的钱是靠瑞恩一个人做家务赚来的。然后亲戚、朋友、邻居、老师、同学也加入进来……随着时间的推移，他的心愿鼓舞了全世界六十多个国家的成年人，帮助瑞恩的队伍越来越庞大，人们纷纷解囊相助。到2003年初，“瑞恩的井”基金会有七十多万加元，已经在非洲挖了七十多口水井。

师：从这段文字中你发现了什么？

瑞恩的梦想	实现的目标	实现的难度	瑞恩的态度	梦想实现

生：汇报。

师：小结。

生：继续交流。

【出示资料】

瑞恩·希里杰克被人称为“加拿大的灵魂”。2001年，在加拿大国际发展协会的帮助下，成立了“瑞恩的井”基金会。2002年9月30日，他接受了加拿大总督克拉克森颁发的国家荣誉勋章，10月，他被评选为“北美洲十大少年英雄”。

2003年3月15日，瑞恩去日本参加“第三届世界水资源论坛”，中央电视台《实话实说》栏目组邀请瑞恩和他的妈妈到中国做客。瑞恩和他的妈妈通过《实话实说》节目与中国广大观众见面。在这次节目即将结束时，瑞恩说：“我要为取得干净的水源而努力工作，直到我爸爸那个年纪。”

师：再快速浏览这段文字，看看这段文字中的哪一句马上映入了你的眼帘，打动了你。

生：汇报。

师：小结。

设计意图：这一环节学生默读课文后交流感悟，目的是让学生通过自己的感悟加深对文本的理解。学生在感悟文本内容的时候，老师适时地补充一些相关资料，这可以让学生更进一步体会到梦想的力量是巨大的。

四、拓展阅读，升华情感

1. 分享《黑孩子罗伯特》，并想想它与《梦想的力量》有什么相同点。（运用ForClass，每个学生都能在自己的平板电脑上阅读《黑孩子罗伯特》）

2. 学生汇报。

3. 老师小结。

4. 上网搜索有关爱心的文章，推荐给同学们。

5. 师推荐一个阅读网址，可以课后阅读。（链接阅读：有关爱心的文章；在线阅读人生指南成功励志网http：//www.rs66.com/wenzhang/aixin/）

设计意图：运用ForClass能做到快捷有效地拓展学生的阅读面。如在本文学习的基础上拓展一篇类似的文章，培养学生的阅读能力，还可以随堂让学生上网搜索有关爱心的文章进行阅读。这种以一篇带多篇的学习模式能够有效地培养学生的阅读兴趣，提高学生的阅读能力。

五、拓展感悟，提升认识

1. 小练笔：利用ForClass中的简答题让学生在平板电脑上写出自己想说的话再提交。

2. 学生交流分享：当学生完成后，老师在ForClass平台利用分屏互动或关注个别学生进行交流分享评改，并把写得好的发送给每个学生，让学生更好地欣赏。

3. 班级互评：通过ForClass，学生的平板电脑上都会显示一个同学的作品，学生可以对作品进行点评，凡是学生评的内容都能显示出来，这样的学习操作能有效地提高学生的能力和增强学生学习的兴趣。

设计意图：在读、说的基础上就要进行写的训练。为了提高学生的文字组织能力和写作水平，这一环节设计了一个小练笔，目的就是要激发出学生的内在潜能，让学生真切地写出自己想说的话，新鲜感十足，每个学生都想表现自己，都很乐意去写，这充分调动了学生的积极性。接着运用ForClass进行分屏互动和班级互评，学生不但写出了自己的真实感受，还培养了评价能力。

六、总结

师：有梦想就有力量，有爱就有奇迹。“是呀，一个梦想，竟有如此大的力量”。

七、作业

上网搜集赵菱写的《我们那年的梦想》进行阅读，想想书中哪个故事或情节给你留下的印象最深刻，请制作成课外读书卡。

八、板书设计

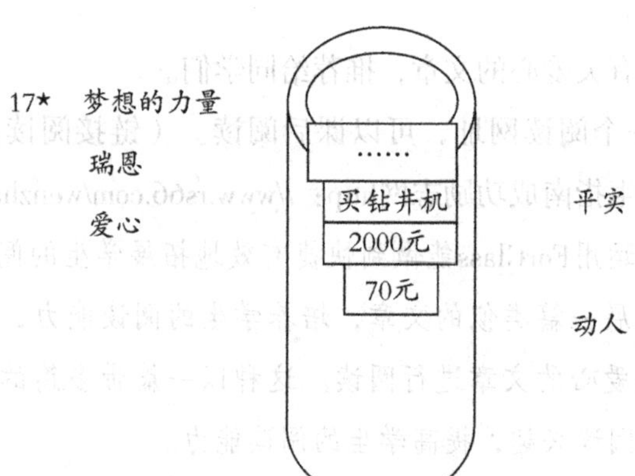

《梦想的力量》教学反思

肇庆鼎湖逸夫小学　陈玉燕

运用ForClass让学生在有限的时间里全方位地感知更多的信息，充分做到高效课堂适时有效。执教《梦想的力量》时，我运用ForClass，学生能在40

分钟内高效地完成相关的学习内容和拓展内容。主要原因是：学生全程使用平板电脑上课，当遇到不懂的问题或想知道某些知识时，能及时上网查询，及时有效地拓宽知识面，还能查阅老师发送的相关资料和阅读相关的文章，以一篇带多篇，有效地提高了自学和阅读的能力；同时学生能快速地在电脑里完成老师布置的相关学习任务，老师除了能及时发现学生对知识的掌握情况，还能进行分屏互动、生生互动、师生互动，通过互动学生既能发现自己的不足，又能通过点评同学的作品，汲取别人的优点，从而使课堂学习实现了高效。

4

《我是一只小虫子》教学设计

（部编版小学语文二年级下册）

肇庆鼎湖逸夫小学　黄惠珊

【教材分析】

《我是一只小虫子》是部编版语文二年级下册第四单元的一篇课文。课文从小虫子的视角观察世界、感受生活，想象丰富而独特。通篇运用拟人化的描写，让读者在不知不觉中走进小虫子的世界，和小虫子一起懊恼，一起快乐。课文结构清晰，以“当一只小虫子好不好”的设问开头，然后用先抑后扬的手法描述了当一只小虫子的“不好”与“真不错”，最后以“我喜欢当一只小虫子”总结全文，照应开头。

针对“想象”这一语文要素，本设计遵循低年级学生的认知水平，将学文、识字、写字、朗读、想象融合在一起：以“当一只小虫子好不好？”为主线，用问题贯穿学文思路，把课后习题“发现月字旁的字的表意特点”、学写“屎、尿、屁”三个“尸字头”的字和“运用学到的词语展开想象”作为教学重难点，用多种形式引导学生认识生字、书写生字，并在语言情境中就小虫子的生活展开想象。

【教学目标】

1. 认识“屁、股”等16个生字，读准多音字“泡”，会写“屁、尿、屎”三个生字。

2. 能发现“月”字做偏旁时字的表意特点。

3. 朗读课文，能运用词语“免费”展开想象，交流小虫子有意思的生活。

【教学流程】

一、初识小虫子，谈话揭题

谈话引入课题，齐读课题。

设计意图：在课前“猜虫名”游戏的基础上，引入新课，学生兴趣盎然，对学习充满期待，做到水到渠成。

二、感知小虫子，读文识字

（一）初读课文

借助拼音自由读文，读准字音。

（二）学习生字词

1. 课件出示带拼音的词语，自读。

2. 指导难读生字：分类指导翘舌音、后鼻音。

（1）出示第一行词语，读准翘舌音。指名读，齐读。

（2）出示第三列词语，读准后鼻音。开小火车读，齐读。

3. 用扩词方法学习多音字“泡”。

强调“泡”的两种读音，图文拓展：在“水泡”“灯泡”“泡茶”“泡饭”等词中读第四声；在文中读第一声，“一泡尿”。

4. 结合课后题，重点指导“月字旁”的生字。

（1）出示生词“屁股、脾气”，引导发现（月字旁）。再让学生说说带有“月字旁”的字词。

（2）出示课后习题，拓展带“月字旁”的字。

（3）微课了解“月字旁”的字的表意特点。

演示“肉”字演变成“月字旁”的过程，明确“月”字做偏旁大多和身体有关。

（4）做动作识部位，给虫子贴字卡。（脑袋、脸、屁股、脚）

播放音频，做身体操：拍拍我的脑袋，摸摸我的脸，扭扭我的屁股，跺跺我的脚。

设计意图：通过微课使学生了解“月字旁”的字与身体有关后，我还设计了“身体操”“给虫子贴字卡”的实践活动，将知识的学习与学生的生活关联起来，在活动中使学生进一步识记生字字形及字义。同时，我紧扣教学目标，重点指导多音字“泡”和“月”字做偏旁时字的表意特点。

三、走近小虫子，想象说话

（一）默读课文，思考

当一只小虫子好不好？找一找“我”和“我”的伙伴们分别是怎样说的。

设计意图：本单元提出了“默读课文”的要求，但低年级学生的默读能力还处在学习、培养阶段。在学习生字的基础上，我利用“当一只小虫子好不好？”这个问题来引导默读，让学生带着问题读课文找答案，这样既感知了课文内容，又初步梳理了课文脉络。

（二）学习1，2自然段，学写生字

1.学生汇报学习成果。

（1）出示苍耳图片，体会小虫子被苍耳刺屁股的痛，指导朗读。

（2）做动作理解“昏头昏脑”，指导朗读，读出小虫子的弱小。

（3）读好“毛茸茸的小鸟”，积累词语。师引读：孩子们都觉得毛茸茸的小鸟很可爱，但我们小虫子没有谁会喜欢小鸟。

（4）师生合作读第2自然段，感悟：当一只小虫子一点都不好。（指导学生朗读：注意读出“蹦蹦跳跳”时的喜悦，读出“昏头昏脑”的无奈，读出不喜欢小鸟的语气）

2.指导书写“屁”“尿”“屎”，发现“左上包围”的字的书写规律。

（1）出示图片，从字的演变引导学生识记：“尸”表示人形，它是蹲着的一个躯体，下面的“比”表示大腿，从两条大腿之间排出气体，这叫——“屁”；排出水来，这叫——“尿”；米经过消化，被排泄出来，这叫——“屎”。

（2）发现“屁、屎、尿”结构相同。

（3）仔细观察田字格中的范字，说说书写要注意什么。（它们都是半包围结构，都有一个尸字头。左上包围的字要注意第三笔撇要写舒展，给下面的字留出空间）

（4）师范写，生书空。

（5）生描红、练写，教师巡视指导。

（6）展示书写，评价，生再练写。

设计意图：本环节利用师生合作读引导学生探寻问题，并引导学生在回答问题时复习生字，并随机指导朗读，两者结合，相得益彰。再引导学生利用“三看法”写好“屁、尿、屎”三个字，让学生习得写字方法。

（三）学习3，4自然段，想象说话

1. 将第4自然段的内容改成一首小诗，播放相应视频，配乐，带上动作朗读。感悟：当一只小虫子还真不错。

早上醒来，

我在摇摇晃晃的草叶上伸懒腰，

用一颗露珠把脸洗干净，

把细长的触须擦得亮亮的。

如果能小心地跳到狗的身上，

我们就可以到很远的地方去旅行。

这可是免费的特快列车呀！

2. 运用本课生词“免费”展开想象，交流小虫子有意思的生活。

小虫子跳到狗的身上去旅行，这可是免费的特快列车呀！

小虫子舒服地躺在花朵上，这可是免费的小床呀！

小虫子____________________，这可是免费的________________呀！

设计意图：通过创设情境引导学生感悟当一只小虫子还真不错。学生通过多种形式的朗读，不知不觉地走进小虫子的生活。本教学环节结合本单元的教学重点“运用学到的词语把想象的内容写下来”来设计，进行了想象说话训练，在想象过程中让学生感受小虫子有意思的生活。这体现了落实课堂中培养学生丰富的想象能力和语言运用能力的课标精神。

四、喜欢小虫子，课末留疑

1. 出示“小虫子”的小伙伴“屎壳郎”“螳螂”“天牛”的图片，并播放儿歌，初识“小虫子”的小伙伴。

儿歌：屎壳郎，搬食物，老撞我，不看路。螳螂哥，很贪吃，见到我，想吃掉。天牛婶，脾气大，问她好，总顶我。

2. 引导学生带着疑问结束学习。

你想了解它们的故事吗？我们下节课再聊。

设计意图：在结课时，播放儿歌，既复习生字，又留下疑问，引发下节课的学习兴趣，并让学生在愉快的课堂气氛中进一步感受当一只小虫子还真不错的情感。

五、板书设计

11 我是一只小虫子

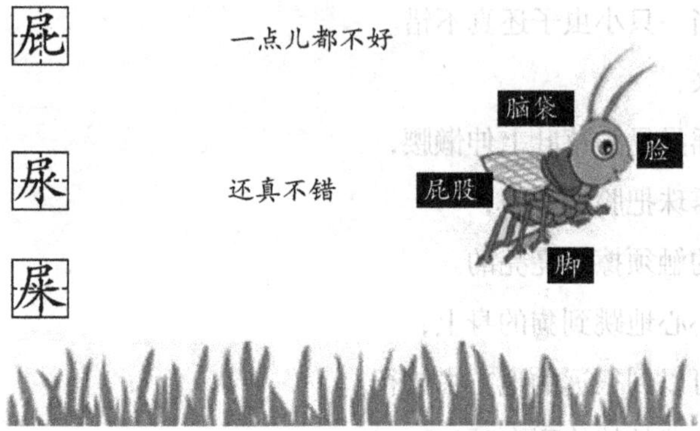

《我是一只小虫子》教学反思

应用多媒体信息技术辅助语文教学是一种高效率的现代化教学手段，它让学生在学习中始终保持兴奋、愉悦、渴求上进的心理状态，它对学生主体性的发挥，创新意识和探索精神的培养有着事半功倍之效。下面我谈谈信息技术在课文《我是一只小虫子》中的应用。

识字写字是低年级语文教学的重点和难点。这节课我充分运用信息技术进行集中识字、随文识字和图片识字，使学生在活跃的氛围中学习，如指导书写生字“屁”“尿”“屎”，我做了以下的尝试。出示图片，我引导学生：你看这个“尸”表示人形，它是蹲着的一个躯体，下面的“比”表示大腿，从两条大腿之间排出气体，这叫——“屁”；排出水来，这叫——“尿”；米经过消化，被排泄出来，这叫——“屎”。中国汉字真有趣！孩子们在有趣的学习中记住了“屁、尿、屎”的字形、理解了字义。为了加强记忆，我还编了一首儿歌帮助学生识记，接着适时指导书写，这样识字与书写结合，让学生顺利突破难点。针对课后第二题，我首先选择本课生字“股”“脾”，引导学生观察，发现是“月”字做偏旁，再让学生说说带有月字旁的字词。随后及时出示课后题中的字：屁股、脾气、腹部、胳膊、肩、手臂、胃、肾，让学生发现上面一行“月”字在左边，下面一行

“月”字在下面。接着，我用一个有趣的微课，让学生了解月字旁为什么和身体有关系，图文并茂，生动有趣，易于学生识记。然后，我和学生一起做身体操，巩固知识，调动孩子们学习的积极性。最后，学生上台给小虫子贴词卡：脑袋、脸、屁股、脚，进一步在游戏中通过偏旁归类识记。在结课时，我播放一首小儿歌：“屎壳郎，搬食物，老撞我，不看路。螳螂哥，很贪吃，见到我，想吃掉。天牛婶，脾气大，问她好，总顶我。”儿歌生动有趣，又复现生字，让学生对下节课充满期待。

今后，我会充分利用学到的知识进行教育教学，还要不断学习新的信息技术，创新信息技术教学手段，提高信息技术应用能力。

5

《圆明园的毁灭（第二课时）》教学设计

（部编版小学语文五年级上册）

肇庆鼎湖逸夫小学　黄惠珊

【教学目标】

1. 有感情地朗读课文，在反复朗读中体会作者的情感变化。

2. 了解圆明园辉煌的过去和被毁灭的经过，理解课文内容，领悟课文通过对比表现主题的写法。

3. 受到热爱祖国的情感熏陶，增强振兴祖国的责任感和使命感。

【教学重、难点】

1. 教学重点：了解圆明园的辉煌和它的毁灭，感受对比写法的作用；激发爱国情怀，增强振兴中华的责任感和使命感。

2. 教学难点：领悟课文的表达特点。

【教学过程】

一、复习导入，走“进”圆明园

1. 复习生字。

2. 复习第1自然段并提出问题：作者怎样评价圆明园的毁灭？请同学们齐读第1自然段。

PPT出示第1自然段。读了这一段，你知道了什么？（板书：不可估量）圆明园的毁灭是不可估量的损失，那么圆明园的价值也是（不可估量）的。圆明园不可估量的价值体现在哪里呢？

二、重点研读，感受圆明园

（一）走进圆明园，感受它昔日的辉煌

1. 从圆明园宏伟的建筑中体会它的辉煌。

（1）默读课文第3，4自然段，从圆明园宏伟的建筑中体会它的辉煌。

（2）学生汇报。

（3）多媒体再现圆明园昔日辉煌的景观，创设情境：圆明园中，有金碧辉煌的殿堂，也有玲珑剔透的亭台楼阁；有象征着热闹街市的“买卖街”，也有象征着田园风光的山乡村野。园中许多景物都是仿照各地名胜建造的，如海宁的安澜园、苏州的狮子林、杭州西湖的平湖秋月；还有很多景物是根据古代文人的诗情画意建造的，如蓬岛瑶台、武陵春色。园中不仅有民族建筑，还有西洋景观。漫步园内，有如漫游在天南海北，饱览着中外风景名胜；流连其间，仿佛置身在幻想的境界里。

关注“有……也有……”的句式及相关内容，结合资料，展开想象，感受圆明园的建筑的多、美、奇。

小结：宏伟与精致并存，热闹与宁静同在，现实与幻想和谐交融，集东西方建筑特点于一园。对比描述使我们真切地感受到圆明园的建筑风格的多样，包罗万象。

（4）师生配乐合作朗读，读出感受，从中体会“圆明园是园林艺术的瑰宝、建筑艺术的精华”。

（5）小结：圆明园的价值是中国文化史上不可估量的，也是世界文化史上不可估量的！

设计意图：通过多媒体课件让学生欣赏文中描写的很多景观，通过各种形式的读达到对内容的理解，尤其是最后的师生配乐朗读，把图画、音乐和朗读结合起来，并结合背景资料，感受圆明园的建筑的多、美、奇，从中体会“圆明园是园林艺术的瑰宝、建筑艺术的精华”。

2. 从珍贵的历史文物中感受它昔日的辉煌。

（1）体会年代久远。

引导学生从“上自……下至……”中感受圆明园中收藏的文物历史悠久，文物数量多、品种丰富。

二千四百年的历史，会有多少名人字画和奇珍异宝，用个成语来形容——（数不胜数、应有尽有、琳琅满目、美不胜收），所以圆明园被称为世界上最大的博物馆、艺术馆。

（2）体会文物珍贵。

资料补充：在2000年4月，北京保利集团以将近4000万港元将当年海宴堂门前的水池内的12只生肖铜像中的虎首、牛首、猴首买回，使它们又重新回到了祖国的怀抱。

多媒体出示奇珍异宝图和几幅名人字画。（这是价值连城的青铜礼器；这是明代四才子之一的文徵明的书画作品；这是造型精美的奇珍异宝……每一件文物都价值连城呀！从中体会“它又是当时世界上最大的博物馆、艺术馆”）

（3）小结：圆明园的价值是中国文化史上不可估量的，也是世界文化史上不可估量的！

（4）出示过渡句，体会它的作用。

设计意图：由于本段结构严谨，描述简练，学生理解起来会有困难，所以，老师适当地补充些资料，充分调动学生的感官，让学生通过不断的读（齐读、师生合作读等）去想象，去体会，去理解圆明园内文物的珍贵。

（二）走进圆明园，了解被毁灭的圆明园

1. 播放视频《火烧圆明园》，了解圆明园毁灭的过程。

此时此刻，你有怎样的感受？

2. 带着刚才的感受读读最后一段，了解侵略者用什么残暴的手段毁灭圆明园。

出示填空题，关注文字，谈体会。（体会侵略者的贪婪、野蛮、残酷）

填空：他们把园内凡是能拿得动的东西，（统统掠走）；拿不动的，就（用大车或牲口搬运）；实在运不走的，就（任意破坏、毁掉）。

3. 指导朗读。（读出对英法联军火烧圆明园的行为的痛恨）

4. 创设情境：为了销毁罪证，10月18日和19日，三千多名侵略者奉命在园内放火。大火连烧三天，烟云笼罩了整个北京城。现在我们去圆明园，只能看到这些残垣断壁。（出示圆明园只剩残垣断壁图片）

小结：我国这一园林艺术的瑰宝、建筑艺术的精华，就这样化为一片灰烬。

5. 创设情境：举世闻名的皇家园林没有了（擦板书），园林艺术的瑰宝、建筑艺术的精华没有了（擦板书），世界上最大的博物馆、艺术馆没有了（擦板书），更令人痛惜的是，中国乃至世界的历代人民的智慧的结晶也随着这大火彻底毁灭了。

小结：圆明园的毁灭是中国文化史上不可估量的损失，也是世界文化史上不可估量的损失。

此时，你的心情是什么样的？（惋惜）你想说些什么？

6. 感悟写法，升华情感：课文题目是“圆明园的毁灭”，作者为什么用那么多笔墨写圆明园昔日的辉煌？

7. 联系历史背景，了解圆明园毁灭的原因。

历史背景：

清朝末年，封建统治者妄自尊大，封闭国家，全国的科学技术远远落后于西方，国势日渐衰落。

1856年10月，英国和法国联合发动了侵略战争——第二次鸦片战争。10月6日，英法联军占领圆明园。

设计意图：任何视觉上的效果都远胜于文字的表述，因为它能更直接地将学生带入情境之中，更容易令学生产生共鸣。这个环节通过播放《火烧圆明园》的片段创设情景，铺设好情感场，使学生在音、形、像等多元信息的刺激下，思想上产生强烈振动，迅速投入到与课文内容相应的一种激昂悲愤的情绪中。

三、课外拓展，走“出”圆明园

1. 课件出示阅读链接《七子之歌》，简介诗歌的创作背景。

2. 学生自由朗读，边读边理解诗歌的意思。

3. 学生交流感受：假如我是__________，我想说：“__________。”

4. 指导朗读。

5. 小结：出示澳门、香港回归图，70周年阅兵图。引导学生：随着国力的强盛，过去的屈辱与悲痛不会再重演，希望学生从现在开始行动起来，为振兴中华而努力学习。

6. 课后作业：阅读《和平宣言》。

设计意图：将背景资料反复朗读，对比《圆明园的毁灭》一课，体会表达感情的相似之处，它们都是用对比的方法衬托作者的爱国之情的。引导学生铭记这段历史，不让过去的屈辱与悲痛重演，从现在开始行动起来，为振兴中华而努力学习。

四、板书设计

14　圆明园的毁灭（第二课时）

辉煌　建筑美 ⎧ 布局巧
　　　收藏丰 ⎩ 自豪

毁灭　　　　痛惜

《圆明园的毁灭》教学反思

本篇课文，题目为“圆明园的毁灭”，作者却用了很多笔墨来写它昔日的辉煌。仅仅通过文字学生是无法想象圆明园当年的辉煌的。如果无法想象当年的辉煌，就不能深刻地理解圆明园被毁灭的痛惜。因此，本节课我主要运用多媒体创设情境来辅助教学。

主要分两步走：第一步，出示课件——圆明园的毁灭是中国文化史上不可估量的损失，也是世界文化史上不可估量的损失！圆明园的毁灭是不可估量的损失，那么圆明园的价值也是不可估量的。圆明园不可估量的价值体现在哪里？标画相关的语句，并在旁白处写下自己的感受，引导学生自读自悟。接着，多媒体再现圆明园昔日辉煌的景观，再配上诗意的语言，创设情境：“圆明园中，有金碧辉煌的殿堂，也有玲珑剔透的亭台楼阁；有象征着热闹街市的‘买卖街’，也有象征着田园风光的山乡村野。园中许多景物都是仿照各地名胜建造的，如海宁的安澜园、苏州的狮子林、杭州西湖的平湖秋月；还有很多景物是根据古代文人的诗情画意建造的，如蓬岛瑶台、武陵春色。园中不仅有民族建筑，还有西洋景观。”把学生带入美不胜收、引人入胜的仙境，给学生的想象插上翅膀，把学生的感官充分地调动起来。他们面对圆明园昔日的辉煌景观，读出了赞美、自豪之情。然后，多媒体出示奇珍异宝图和几幅名人字画，让学生从珍贵的历史文物中感受圆明园昔日的辉煌。第二步，播放视频《火烧圆明园》。强烈的视觉反差在学生心里激起了无比的痛恨和惋惜之情，很好地铺垫了学习本课的情绪。学生禁不住问："圆明园为什么会被毁灭？"带着问题，学生学习的兴趣一下子高涨起来，教学变"要我知"为"我要知"，充分体现了学生学习的主动性。

通过这节课我体会到以多媒体为核心的信息技术若能与小学语文教学有机地整合，则可以优化语文课堂教学，提高教育水平和学生在教育中的主体地位。在这堂课上，我感觉自己在进行教学设计时安排的容量较大，短短的40分钟毕竟有限，今后要努力从教学的有效性入手，不断学习。

第五章　空中翻转课堂

1

善爱育人　停课不停学

——肇庆鼎湖逸夫小学“宅家空中翻转课堂”初探

肇庆鼎湖逸夫小学　黄秀英

又是一年春草绿，依然十里杏花开。2020年这个春天没有风筝满天，没有阖家踏暖阳、赏春景，它与众不同，不同的形式，迥异的感受。由于新型冠状病毒的侵袭，在“停课不停教，停课不停学”的号召下，“线上教学”“空中课堂”成为当前教学的新方法。我校按照“五育”并举、家校协同、因地制宜的原则，全力打造逸小特色“宅家空中翻转课堂”。

一、教学目标，精准定位

2月初，首先做好教师使用平台的培训。其次发动教师认真研究，打造学校特色空中课堂，构建适合网络教育的教学方式，灵活安排学习内容，推送优质学习资源，指导学生开展自主学习。逸小“宅家空中翻转课堂”以提升学生思维能力为主导思想，以学习成果的有效生成为目的，解决学生在家学习无成果输出、无法有效跟进学习的问题。

二、解决思路，清晰明了

我校“宅家空中翻转课堂”采用“国家课程+校本课程”“自主学习+互动答疑”“学校+家庭”“集中+分散”等多种方式，分类解决，达到一个都不能少的线上教育学习目标。教师推送微课让学生自主学习，然后通过钉钉与学生互动答疑开展线上教育。

（一）组合平台，创新方式

我校的“宅家空中翻转课堂”主要采用好学区平台和钉钉平台。这两个平台各自扮演着不同的角色，具体操作方式如下：

教师操作方式：直播教师以年级为单位集中在嗨课宝推送学习任务、课堂练习、小测及作业；原班科任教师在钉钉或微群分散交流互动、解疑、点评作业等。

学生学习方式：按课程表登录嗨学宝自主学习、练习；登录钉钉提出问题，与老师、同学交流，展示作业。

通过“空中课程”学习，逸夫娃在家也可以宅出新高度：复习巩固—拓展延伸—提高综合能力。

（二）学习时间，合理科学

根据有关文件精神，我校把每节空中课堂学习的时间严格地控制在20分钟以内，把原来的40分钟分成了三部分：第一部分（20分钟）自主学习，学生在线上自主完成老师推送的学习任务；第二部分（5分钟）作息休整，学生打开线上的课间操或眼部保健视频，调整自己的学习状态；第三部分（15分钟）师生互动，教师在线上与学生互动、答疑，并抽查学生的自学情况，及时点拨、小结。

（三）空中课程，五育并举

按照五育并举的原则，我校的空中课程开设采用“国家课程+校本课程”的方式。国家课程有：班队、语文、数学、英语、道德与法治、音乐、美术、科学与实践；地方课程有：诵读校本教材《雅集》、数学口算、防疫知识竞赛、英语单词记忆、课外阅读等。（课程表见附件1）

三、实施过程，扎实高效

（一）成立机构，明确分工

按照省、市、区的文件精神，我校立刻成立了领导小组及六个工作小组。六个工作小组分别是课程安排组、信息技术及培训组、资源筹备组、直播组、课堂质量监督组和宣传组。这六个工作小组各自扮演着自己的角色，但分工不分家，为疫情期间线上教育的正常开展保驾护航。各小组具体分工及要求如下：

组别项目	负责人	工作要求
领导小组	梁少林、黄秀英	
何桂芳、彭有平	统筹协调全面工作	
工作小组		
课程安排组	陈月容、梁佩玲	制订课程表
信息技术及培训组	陈志光、梁鹏	
曾玲	师生平台注册；各类培训；解答师生疑问	
资源筹备组	敬羡、吴永汉、陈海英等近40名名师	筛选平台资源；录制微课；编写习题
直播组	陈淑仪、黄惠珊	
冼颖秀等21名骨干教师	推送学习任务；及时与学生互动和点评作业；分析后台数据，讲解知识重、难点	
课堂质量监督组	陈月容、梁佩玲	
李结青、李少波、陈间好、谢凤平	收集好学区的“每日报表”统计数据；每天进行学习情况分析反馈，为直播老师提供授课参考	
宣传组	黄小花、梁巧玲、谢燕兰、冯冬霞	
陈淑仪、方景梅	收集整理资料；定期制作美篇、撰写《给家长的一封信》，做好宣传发动工作	

（二）广泛宣传，有效指引

2月初，我校线上宣传小组创作了《给逸夫娃的一封信》《鼎湖逸夫人的“宅家课堂”宅出新高度》《肇庆鼎湖逸夫小学线上学习家长操作指引》等文章及小视频，指引学生在家如何有效开展学习、健康生活，并向家长提出监护的要求。家长对我校的指引工作给予高度肯定和配合，并通过班群的了解，保证学生的宅家学习和生活有序、健康。

（三）分类培训，落地有效

首先我们与平台打组合拳，平台派专业人员分期分类培训：钉钉平台使用培训、好学区平台使用培训、直播培训、微课录制培训、钉钉家校本使用培训等。接着我们让年轻的、有信息技术底子的教师先参加培训，然后收集问题反馈给后台培训人员。最后再开展全员培训。这样的落地实训，“老教师”变为“新主播”，“小年轻”变成了“老师傅”。

（四）监督总结，及时反馈

“宅家空中翻转课堂”质量监督小组每天通过好学区平台日报表和学校网盘的课堂教学图片（备课图片、推送任务图片、批改作业图片、师生交流图片等）来监督评价教师授课、学生参与度、学生作业完成率和答题正确率等情况。组长每天一反馈，每周一小结，全方位地监督线上教学质量，确保线上教学有序地开展。

四、教学策略，准确导航

“逸夫人的宅家空中课堂”以“提问—编题—实践”的方式完成学习过程、输出学习成果，以结果为导向促进学生完成深度学习。我校各学科的教学建议如下：

学科项目	学科侧重点	具体策略
德育	悟道—知行 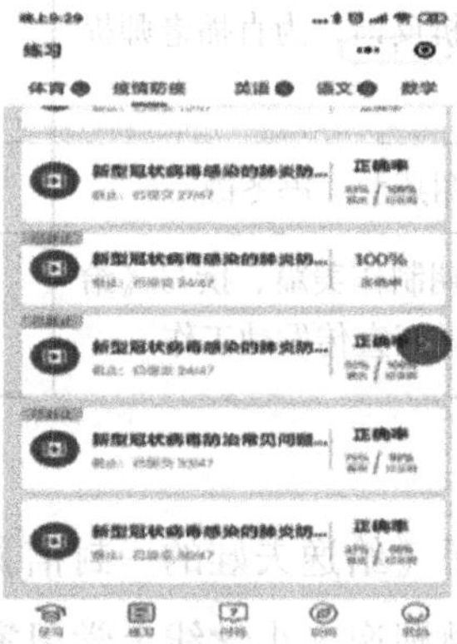	1. 录制微课或编写防疫竞答题 2. 向学生推送学习任务 3. 师生交流互动 4. 线下实践，修正自己的言行
语文	自主学习—提出问题 	1. 发布学习任务，并明确学习要求 2. 发布实践练习，明确学习目标 3. 学生就学习任务提出两个以上问题 4. 学生将作业拍照上传到平台，与同学、老师交流

续表

学科项目	学科侧重点	具体策略
数学	自主预习—编写习题 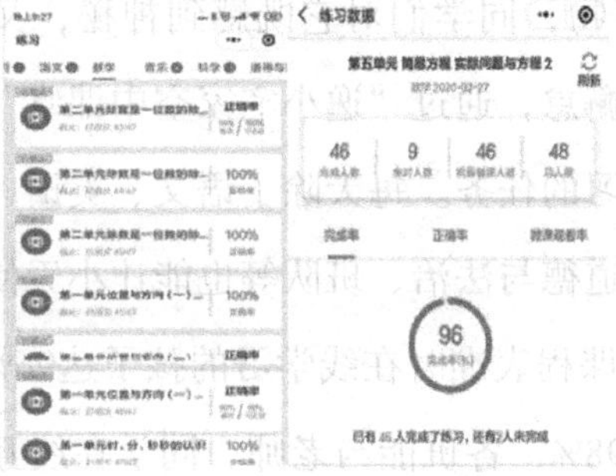	1. 发布学习任务，并明确完成配套的检测习题 2. 发布实践练习 3. 学生编写相仿的习题，并拍照上传与同学、老师互动 4. 分析平台反馈的数据，抽查学生发言分享，讲解知识重、难点，表扬优秀学生
英语	自主学习—自编对话、复述 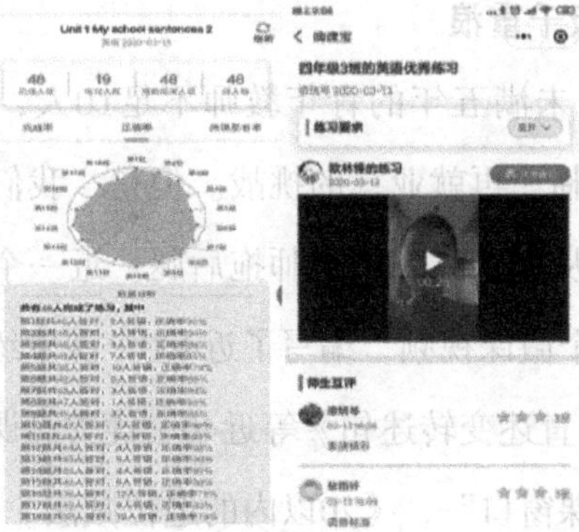	1. 发布微课学习任务，并明确学生自主学习后完成配套检测习题 2. 发布实践练习 3.学生根据微课自学编制对话并表演，录制视频上传给同学和老师评价 4. 教师根据平台反馈的数据讲解知识重、难点，在直播平台抽查学生展示表演，表扬优秀学生
美术 音乐 体育	互动交流—展示作业 	1. 教师录制微课 2. 推送学习任务 3. 学生在钉钉与同学、老师互动交流，提出问题 4. 学生用视频、拍照或截图等方式展示自己的学习成果或作业，教师加以点评及批改

五、辛勤耕耘，喜上眉梢

（一）孩子体验，最是橙黄橘绿时

庚子初春，网课是个新事物，同学们对它既感到神秘，又觉得新鲜。逸夫娃宅家学习，不添乱、不懈怠，通过“逸小宅家空中课堂”，停课不停学，用积极的态度完成线上学习的任务。每天除了语文、英语、数学外，美术、音乐、体育、科学实践、道德与法治、班队等也能让小天使们用多样的宅家方式学出新高度。每天按课程表准时在线学习的孩子达96%，完成作业人数达94%，自主学习次数达98%，各班能与老师、同学在线互动的人数达60%。2020年逸夫娃在“逸小宅家空中课堂”的复习中巩固，在巩固中拓展，在拓展中提高，别样的课堂，孩子们却有同样的成长。

（二）师资水平，喜看稻菽千重浪

我校教师平均年龄41岁，未满五年的青年教师不足10人，对于“线上教学”，大部分教师简直是面临“再就业”的挑战。但是，我们的工作小组从未听过一个老师说“不”，从来没有一个教师拖后腿。近一个月的线上教育，教师在平台筛选了近1000个微课视频，编写了近400个课堂练习，自己录制了近400个微课视频。其中《直述变转述句》等近40个优秀微课视频被中宣部收用并放到学习强国的“慕课窗口”，《20以内的退位减法》等近300个微课视频被鼎湖区教育局收用并在全区发布给兄弟学校共享。全体教师的信息技术、微课录制和直播，真是喜看稻菽千重浪。

（三）办学特色，映日荷花别样红

2018年我校摘得了“广东省首批信息化示范校”的桂冠，但一直以来都在寻求突破口，直到2020年春季，我们找到了方向。近十场大大小小的班子会议、全体教师各类培训以及全校师生“线上教育”开学启动仪式，都是在钉钉平台顺利完成的；各种直播培训共七场，500多人次参与；各种直播会议和培训效果显著，每次参会、参培人数均达99%，每次点赞率均达80%。在区内我校率先开展线上教学，从2月17日至今，学生线上参与率100%，没有一个孩子掉队，没有一宗家长投诉。“逸小宅家空中课堂”得到上级领导和家长的认可。这种不受地域、时间、天气、场地等各种因素影响的信息化办公、教学，更进一步深化了我们的办学内涵。学校的办学特色，映日荷花别样红。

2020年，困难重重，我们不退缩，因为我们相信，春迟却有望。近2000逸夫人的坚守，“逸小宅家空中课堂”善爱育人，停课不停学，也可以迎来不一样的春暖花开，春光潋滟。

附件1：课程表

肇庆鼎湖逸夫小学一、二年级课程表（自主选择）							
节次	时间	方式	星期一	星期二	星期三	星期四	星期五
	8：40–9：00	钉钉发布	诵读《雅集》				
1	**9：00–9：20**	**语文**	**语文**	**语文**	**语文**	**语文**	**语文**
※	9：20–9：35	语文	语文	语文	语文	语文	语文
2	**9：35–9：50**	**课间操**					
3	**9：50–10：10**	**数学**	**数学**	**数学**	**数学**	**数学**	**数学**
※	10：10–10：25	数学	数学	数学	数学	数学	数学
	10：40–11：00	***亲子互动***	***课外阅读***				
下午							
	14：50–15：10	钉钉发布	口算训练				
4	**15：20–15：40**	**嗨学宝**	**美术**	**班队/道法**	**科学实践**	**音乐**	**防疫竞答**
※	15：50–16：00	钉钉互动	美术作业	交流体会	作品展示	音乐作业	交流体会
5	**16：00–16：10**	**嗨学宝**	**眼保健操**				
	16：10–16：30	***亲子互动***	***课外阅读***				

续 表

肇庆鼎湖逸夫小学一、二年级课程表（自主选择）							
节次	时间	方式	星期一	星期二	星期三	星期四	星期五
说明： 1. 用**蓝色加粗**标注的为“嗨学宝”课程：请孩子在家长的监督下打开电脑或手机，按课程表准时登录嗨学宝进行观看微课视频的学习 2. 用**黑色倾斜**标注的为“亲子互动”课程：由家长监督指导孩子开展课外阅读，阅读的课外书可参考《书海拾趣》（学校已统一发给学生，人手一本）的相应年级的阅读书目 3. 用**紫色加粗**标注的为“微信（钉钉）发布”课程：由原来班科任教师每周在班级微信群向学生发布和检查学习任务 （1）诵读《雅集》（上学期学校已统一发给学生，人手一本）：由原班语文教师每周在班级微信群（钉钉）里发布诵读内容和检查反馈 （2）口算训练：由原班数学老师每周在班级微信群（钉钉）里发布口算训练和检查反馈 4. 用**红色+※**标注的为“微信（钉钉）答疑”：孩子在“嗨学宝”课程观看完微课后，由家长指导孩子在班级微信群里积极提出问题与同学、老师交流，或者把完成的作业发到群里与老师、同学分享							

肇庆鼎湖逸夫小学三—六年级课程表							
节次	时间	方式	星期一	星期二	星期三	星期四	星期五
	8：40–9：00	钉钉发布	诵读《雅集》				
1	**9：00–9：20**	**语文**	**语文**	**语文**	**语文**	**语文**	**语文**
※	9：20–9：35	语文	语文	语文	语文	语文	语文
2	**9：35–9：50**	**嗨学宝**	**课间操**				
3	**9：50–10：10**	**嗨学宝**	**数学**	**数学**	**数学**	**数学**	**数学**
※	10：10–10：25	钉钉互动	数学	数学	数学	数学	数学
	10：30–10：50	***亲子互动***	***语/数/英作业***				
	11：00–11：30	***亲子互动***	***课外阅读***				
下午							
	14：50–15：10	钉钉发布	口算训练				

续 表

肇庆鼎湖逸夫小学三一六年级课程表							
节次	时间	方式	星期一	星期二	星期三	星期四	星期五
4	**15：20–15：40**	**嗨学宝**	**英语**	**英语**	**英语**	**英语**	**英语**
※	15：50–16：00	钉钉互动	英语	英语	英语	英语	英语
5	**16：00–16：10**	**嗨学宝**	**眼保健操**				
6	**16：10–16：30**	**嗨学宝**	**美术**	**班队/道法**	**科学实践**	**音乐**	**防疫竞答**
※	16：30–16：40	钉钉互动	美术作业	交流体会	展示作品	音乐作业	交流体会
	16：50–17：10	钉钉发布	口算训练				

说明：

1. 用**蓝色加粗**标注的为“嗨学宝”课程：请孩子在家长的监督下打开电脑或手机，按课程表准时登录嗨学宝进行观看微课视频的学习

2. 用**黑色倾斜**标注的为“亲子互动”课程

（1）课外阅读：由家长监督指导孩子开展，阅读的课外书可参考《书海拾趣》（学校已统一发给学生，人手一本）的相应年级的阅读书目

（2）语/数/英作业：请家长提供较好的学习环境让孩子独立完成相关作业，或指导孩子完成

3. 用**紫色加粗**标注的为“钉钉发布”课程：由原来班科任教师每天在钉钉向学生发布和检查学习任务

（1）诵读《雅集》（上学期学校已统一发给学生，人手一本）：由原班语文教师每周在钉钉里发布诵读内容和检查反馈

（2）口算训练：由原班数学老师每周在钉钉里发布口算训练和检查反馈

（3）英语午读：由原班英语教师每周在钉钉里发布英语午读内容和检查反馈

4. 用**红色**+※标注的为“钉钉互动”：孩子在“嗨学宝”课程观看完微课后，由家长指导孩子在钉钉里积极提出问题与同学、老师交流，或者把完成的作业发到群里与老师、同学分享

2

疫情中"语"你同行

——肇庆鼎湖逸夫小学线上教学优秀案例

肇庆鼎湖逸夫小学　李少波

【案例背景】

2020年的春季，开学时间因突如其来的新冠肺炎疫情延迟了。我校积极响应教育部"停课不停教，停课不停学"的号召，根据《广东省中小学校线上教育工作指引》（粤教基函〔2020〕4号）《鼎湖区线上教育工作安排及要求》等文件精神，"五育"并举，家校协同，因地制宜，国家课程与校本课程相结合，线上与线下相结合，开展相关工作。我们语文科组全体老师熟读《肇庆鼎湖逸夫小学线上学习家长操作指引》等有关文件，结合我校《给逸夫娃的一封信》，指引学生在家有效开展学习、健康生活，并向家长提出监护的要求。我们科组于3月2日有序开展了肇庆鼎湖逸夫小学线上教育，并且线上教学实施情况非常好，得到全校师生、家长以及上级领导、周边广大同行的认可。

【案例描述】

一、教学目标

受新型冠状病毒肺炎疫情的影响，在教育部“停课不停教，停课不停学”的号召下，发动教师认真研究，打造学校特色的空中课堂，构建适合网络教育的教学方式，灵活安排学习内容，推送优质学习资源，指导学生开展自主学习。“逸小宅家空中课堂”以提升学生思维能力为主导思想，以学习成果的有效生成为目的，解决学生在家学习无成果输出、无法有效跟进学习的问题，通过学生的展示与师生有效互动达成有效教学的目标。

二、解决思路

我校采用“国家课程+校本课程”“自主学习+互动答疑”“学校+家庭”“集中+分散”等方式，分类解决，达到一个都不能少的线上教育学习目标。

教师操作方式：直播教师以年级为单位集中在嗨课宝推送学习任务、课堂练习、小测及作业；原班科任教师在钉钉或微群分散交流互动、解疑、点评作业等。

学生学习方式：按课程表登录嗨学宝自主学习、练习；登录钉钉提出问题，与老师、同学交流，展示作业。通过“空中课程”的学习，逸夫娃在家也可以宅出新高度：复习巩固—拓展延伸—提高综合能力。

三、实施过程

（一）提前培训，熟练操作

语文科在线教学方式以“钉钉+嗨学宝”为主，在线教学授课方式以录播课为主，课堂教学以“集中+分散”“线上+线下”“学校+家庭”“国家课程+校本课程”等方式为主。在正式开始线上教学前一周，语文组科任老师全员参加学校组织的各种实操培训，如网课的直播、视频的剪辑、微课的录制等等，以确保每一位老师熟悉资源平台的使用，为线上教学提供强有力的保障。

（二）团结协助，丰富资源

为了丰富学生的学习资源，我们科组充分展示逸小团队精神，在原来教学资源的基础上，按照区教研室的统筹与部署，为学生提供更接地气的微课。我们科组通过讨论确定语文科线上教学大概分为以下几大环节：提前预习、微课学习、记录、尝试练习、互动交流反馈答疑、根据本周学习内容制订实践活动（供学生自主选择），从而实现线上与线下学习相结合。具体做法：

1. 高效完成课程录制工作。我们科组老师分工合作，克服时间紧、任务重、压力大等困难，画好路线图，定好时间表，圆满高效地完成课程录制工作。

2. 集体研课磨课。各教学组实行线上集体备课，汇聚集体智慧，一人讲课、多人线上备课，教导主任、学科教研组长全程参与，严把政治关、科学关、质量关，深入现场指导，精心打磨，精细操作。

3. 分级审查把关。对线上教学视频资源录制工作，实行学科教师、教研组长、教导主任、分管教学校长层级管理制度，录制完成后层层把关审查，使教学视频资源更符合小学生年龄特征，更生动有趣。

四、实施策略

（一）具体策略

“逸夫人的宅家空中课堂”以“提问—编题—实践”的方式完成学习

过程、输出学习成果，以结果为导向促进学生完成深度学习。我们语文科的具体策略：①发布学习任务，明确学习要求；②发布实践练习，明确学习目标；③学生就学习任务提出两个以上问题；④学生将作业拍照上传到平台，与同学、老师交流。

（二）学习时间安排

1. 一至六年级嗨学宝微课视频学习（20分钟）。

2. 一至六年级钉钉平台师生互动答疑（15分钟）。

3. 三至六年级语文的课外阅读、亲子阅读等（20分钟）。

（三）分工安排

1. 语文教师负责的课程：诵读《雅集》、课外阅读。

2. 具体做法。集中教学：六名骨干教师在嗨学宝推送学习任务——课堂练习、小测及作业；分散教学：原班科任教师在钉钉解疑、交流——点评作业。

3. 学生学习方式：按课程表登录嗨学宝学习、练习；登录钉钉与老师、同学交流，展示作业。

4. 推送学习任务（课程内容）及作业设计的原则。

（1）按照区教研室的统筹与部署，每周每天有计划地边巩固旧知识边以预习的形式呈现微课，学习新知。

（2）在嗨课宝的资源库中筛选合适的学习任务（课程）推送给学生，严禁推送未经筛选的学习任务（课程）。

（3）作业设计：结合本节的学习内容设计适量、操作性强的作业。

5. 班级说明。嗨学宝学习：以年级为一个教学班，多群联播集中学习。

6. 学生学习途经。

（1）20分钟嗨学宝学习：学生按课程表自己在家里用手机或电脑登录嗨学宝平台学习。

（2）15分钟微信答疑：学生在家长的监督下打开手机或电脑，进入班级微信群自由交流。

7. 教师任务。

（1）嗨学宝课程的教师：每天按课程表准时推送20分钟嗨学宝的学习任务和当天的作业设计（也可以设计好发给原来科任教师分班推送）。

（2）原来各班语文科任教师：每天嗨学宝课程学习后的15分钟钉钉平台答疑及作业跟进、批改点评。

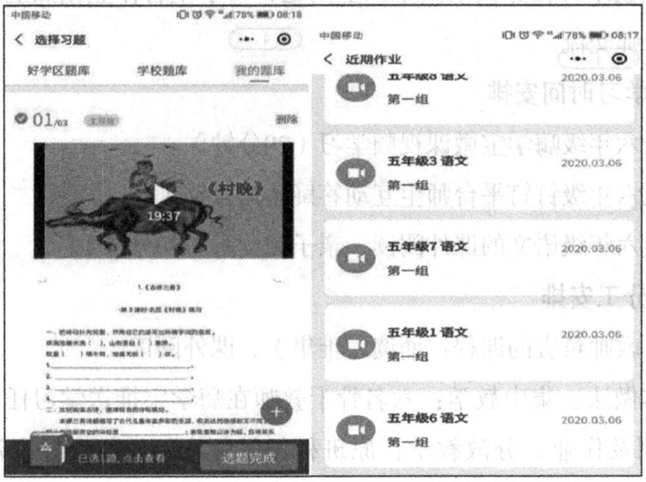

五、教学反馈情况

（一）鼎湖区逸夫小学语文线上教学实施情况调查表

县（市、区）	学校	年级	班级数	学生数	参加在线学习学生数	无法参加在线语文学习学生数	参加在线教学教师数	在线教学授课方式			学生在线学习类型人数				备注
								电视	直播	录播	电视	电脑	手机	其他（平板）	
鼎湖区	逸夫小学	一年级	6	289	289	0	6			是	6	68	170	45	
鼎湖区	逸夫小学	二年级	6	283	283	0	6			是	13	56	177	37	
鼎湖区	逸夫小学	三年级	5	229	229	0	3			是	2	67	112	48	

续表

县（市、区）	学校	年级	班级数	学生数	参加在线学习学生数	无法参加在线语文学习学生数	参加在线教学教师数	在线教学授课方式			学生在线学习类型人数				备注
								电视	直播	录播	电视	电脑	手机	其他（平板）	
鼎湖区	逸夫小学	四年级	8	389	389	0	5			是	7	63	263	56	
鼎湖区	逸夫小学	五年级	8	397	397	0	8			是	2	73	261	61	
鼎湖区	逸夫小学	六年级	6	295	295	0	6			是	5	74	178	38	

（二）逸夫小学线上教育学校调查表（3月2日至3月6日）

学校名称	年级	人数	教育模式1：直播或录播		教育模式2：非直播或录播	互动及作业交流平台如：微信、一起作业等	学生提交作业率（%）
			直播或录播课节数	直播或录播的平台	学习平台		
肇庆鼎湖逸夫小学	一	289	录播课6节	钉钉、好学区嗨课宝	好学区嗨学宝	钉钉、微信、嗨学宝	86
	二	283	录播课14节	钉钉、好学区嗨课宝	好学区嗨学宝	钉钉、微信、嗨学宝	80
	三	229	录播课6节	钉钉、好学区嗨课宝	好学区嗨学宝	钉钉、微信、嗨学宝	70
	四	389	录播课6节	钉钉、好学区嗨课宝	好学区嗨学宝	钉钉、微信、嗨学宝	65

续表

学校名称	年级	人数	教育模式1：直播或录播		教育模式2：非直播或录播	互动及作业交流平台如：微信、一起作业等	学生提交作业率（%）
			直播或录播课节数	直播或录播的平台	学习平台		
肇庆鼎湖逸夫小学	五	397	录播课5节	钉钉、好学区嗨课宝	好学区嗨学宝	钉钉、微信、嗨学宝	68
	六	295	录播课6节	钉钉、好学区嗨课宝	好学区嗨学宝	钉钉、微信、嗨学宝	70
	总计	1882	录播课43节	钉钉、好学区嗨课宝	好学区嗨学宝	钉钉、微信、嗨学宝	73

六、实施效果

网课是个新事物，同学们对它既感到神秘，又觉得新鲜。逸夫娃宅家学习，不添乱，不懈怠，通过“逸小宅家空中课堂”，停课不停学，用积极的态度完成线上学习的任务，每天学出新高度。每天按课程表准时在线学习的孩子达96%，完成作业人数达94%，自主学习次数达98%，各班与老师、同学在线互动的人数达60%。2020年逸夫娃在“逸小宅家空中课堂”的复习中巩固，在巩固中拓展，在拓展中提高，别样的课堂，孩子们却有同样的成长。

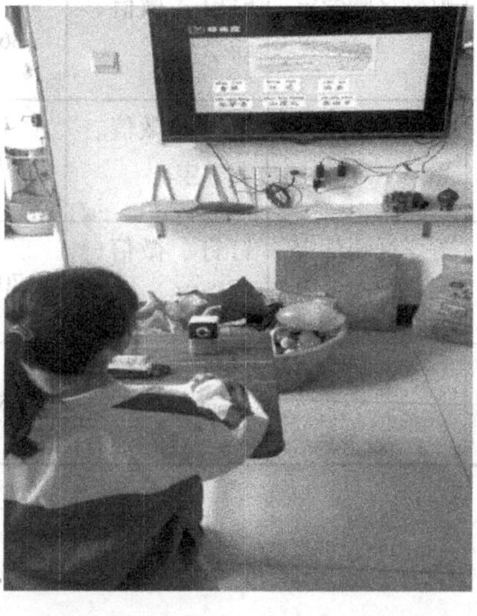

《疫情中的“语”你同行》案例评析

一、存在的主要问题及建议

1. 中低年级家长监管力度不到位，学生在家学习可能会受多方因素（父母复工、学习环境、自控能力、设备……）影响，学生线上学习质量低。

2. 线上学习以微课形式呈现，我们语文科每个课例受时间限制，学生在几分钟的微课里学习到的内容有限，隐藏的拓展性知识点没有充分展现出来。

二、对学困生和家庭经济困难的学生的线上学习所采取的帮扶措施

（一）制订方案，明确分工

为了更好地贯彻肇庆市中小学线上教育推进工作会议的精神，加强特殊困难学生网上学习帮扶指导，摸查家庭困难学生开展网上学习的基本条件，着力消除网上教学工作盲点，我校一人一策，制订方案，明确分工，确保一个不掉队。我组语文学科老师根据学校的名单进行跟踪辅导。

（二）制作报表，再次摸查，准确建档

制作调查报表让班主任再一次全面摸排所有班级学生的学习情况、每个学生的网上学习情况，准确掌握教学平台使用情况、学习渠道畅通情况以及家庭线上学习的硬件条件，做到不缺一项、不漏一人，准确建立困难学生清单。

（三）定期跟踪，及时指导

要求39个班科任老师清晰掌握班级中个别因家长复工，设备较不稳定的学生的名单，并对该部分学生开展以电联、微信等方式进行的每周不少于两次的跟踪，并结合学生的情况实施合适的学习方式与方法。

（四）积极协调，特别关护

对我校三个建档立卡的学生，要求班主任与科任结合学生的学习条件，制订适合他们的“周课表”，每周下发并指引家长与孩子有效开展学习，每天跟踪孩子的学习情况，及时批改孩子的作业，通过线上方式每天反馈学习结果给家长，或给孩子开展线上辅导。我校积极协调移动、联通、电信等基础电信运营企业，给予该部分学生减免手机流量费用等照顾。

我们肇庆鼎湖逸夫小学的团队微信群每天都及时公布老师们线上教学的情况，以激励老师们更好地做好线上教育教学工作。

3

云端相聚　网课不停学

——“空中翻转课堂”教学初探

肇庆鼎湖逸夫小学　黄秀英

疫情当下，“停课不停学”成为这个加长版寒假的主流，“线上教学”“空中课堂”成为当前教学的新方法。学校响应国家号召，执行有关文件精神，按照“五育”并举、家校协同、因地制宜的原则，全力打造逸小特色“空中翻转课堂”。随后钉钉和好学区平台来到了我们的面前，成为师生交流的桥梁、知识的“摆渡者”。于是，就有了我与孩子们在“云端”的相聚。

一、研读教材，柳暗花明又一村

教学设计是“空中翻转课堂”的骨架，“隔空授课”与传统的课堂完全不同，学生只闻其声不见其人，所以备好一份高质量的教学设计支撑起了整堂课。无论是线上教学还是传统课堂的备课，其核心都是对教材的研读和把握。那么从哪几方面深入研读教材呢？我着手写部编教材五年级下册《祖父的园子》的教学设计时，没有头绪，觉得“山重水复疑无路”。于是，我先从本单元的语文要素和人文主题入手，然后把课文读了几遍，再找来《教师教学用书》了解本课的重、难点，接着翻开本单元的“交流平台”了解交流的侧重点，最后带着课后的问题再读一次课文。此时，我脑海里似乎找到了本节课线上教学导学案的思路，真是“柳暗花明又一村”。

二、准备资源，红杏枝头春意闹

在教学中，教师不能空枪上阵，更不能轻装上阵，所以课前老师要准备多维度的学习资源，为线上教学做好准备。这将会给这节课带来“红杏枝头春意闹”的景象。

首先，导学案是“空中翻转课堂”课前准备的基础。在教部编教材五年级下册《草船借箭》时，我给学生准备的导学案不但设计了明确的目标，还给出一张自主学习的线路图：初读课文，读准生字词→默读课文，按照事情的发展顺序说说故事的主要内容→再读课文，边读边画，找出故事中描写人物特点的句子。

其次，微课视频是“空中翻转课堂”课前准备的必备要素。我首先在好学区筛选出学生自主学习的微课视频，再根据本课的重难点，自己录制重难点知识讲解的微课视频。

最后，课堂小测是“空中翻转课堂”教学质量的反馈，线下作业是“空中翻转课堂”教学的延伸。因此，我们在准备课前资源包时不能缺少课堂小测和线下作业。我在编写课堂小测及课后作业时注意课内与课外相结合，基础与技能相结合。如在编写《草船借箭》的课堂小测题时，有侧重课文内容的习题：诸葛亮成功“借”到箭的原因是什么？有侧重双基的习题：把“十万支箭，三天怎么造得成呢？”改为陈述句；还有侧重拓展的习题：你还想了解《三国演义》中的哪些故事？为什么“草船借箭”用“借”呢？

这样的课前资源包，多维度地提升了课堂教学质量，上课伊始课堂就呈现出一派“春色满园关不住”的景象。

三、演好角色，无边光景一时新

“空中翻转课堂”中老师当“主播”，学生在线学习，这种方式新鲜、有趣。那如何保证“空中翻转课堂”的教学质量呢?

课前，我在钉钉上先向学生发出自主学习的通告和导学案，学生线下开展预习自学；然后我在嗨课宝上推送已经筛选好的自主学习任务、课堂小测题，让学生开展自主学习，学生根据预习和自主学习，提出问题；接着我登录钉钉与学生交流，汇总学生的问题，借助微课视频来分析讲解重难点。如在教部编教材六年级下册《鲁滨逊漂流记》时，许多学生通过观看微课视频自主学习后，在钉钉上提出仍然对“梗概”不太了解。于是，我针对这个知识点，打开课件通过钉钉直播再为学生重点讲解，并找来原著的目录与课文梗概内容对比，学生就清晰地知道了写梗概的主要方法是：保留主要内容，去除细枝末节。

这样以任务为驱动、以问题为导向的“空中翻转课堂”真的是“无边光景一时新”，让学生有了焕然一新的感觉。

四、实践练习，绝知此事要躬行

“纸上得来终觉浅，绝知此事要躬行。”学生只靠线上听课获得的知识是十分浅薄的，要想理解和掌握知识，必须亲自躬行实践。我们每一节课都通过线上与线下结合开展“当堂练”，达到“堂堂清”，这样能更准确地了解教学情况，及时调整教学内容和方式。

学生自主学习后，好学区的嗨学宝都会有相应的线上课堂小测。学生完成保存，平台会自动批改，学生会立刻知道自己的答题情况，然后可以自行订正，或请教老师和同学。后台也会同时保存每个学生的课堂小测的数据，我可以根据数据进行二次备课，针对学生正确率低的习题重点评讲，或对某个知识点进行二次讲解。

我还根据学生的学习情况和该节课的知识重难点布置适量的线下作业。学生完成作业后通过好学区拍照或者录制小视频上传，我可以方便地给每一位学生的作业进行批改和评价，从中挑选出部分优秀作业转发到微信群进行展示。通过优秀的评定激励认真学习的同学，同学们就有了认真努力的外在动力，同时给了需要进步的同学一个学习的榜样，也让家长在辅助学习的时候有了参考的依据。这形成了一个正向激励的循环：认真学习→产出优秀成果→作品公开展示→激发学习动力→更认真地学习。

无论“空中翻转课堂”的主播有多好，平台的资源包有多丰富，学生也需要通过“当堂测”和“课后练”来躬行实践，以达到巩固、提升学习效果的目的。

五、多样评价，山寺桃花始盛开

在《基础教育课程改革纲要（试行）》中关于新课程的评价理念有明确的表述：建立全面发展的评价体系。教师课堂中恰当地运用评价既是一种能力，也是一门艺术。评价不仅要关注学生的学习成绩，还要发现和发展学生多方面的潜能，了解学生发展中的需要，帮助学生认知自我，建立自信。

好学区每节课的日报表和钉钉平台的家校本功能，使我通过数据更准确地了解了学生参与自主学习、做题的正确率、答题的时间、班级学生排行榜等情况，使我能及时调整教学内容和教学方式。“空中翻转课堂”的教师评价方式也变得更加多样化，有比较传统的文字点评，有快捷的语音表达，也有学生喜欢的生动有趣的表情包反馈，甚至还可以录制有较强画面感的微视频对学生进行较全面的评价。总之，这样多样化的评价方式及时、全面、有时代感，充分调动了学生的积极性。一石激起千层浪，多样评价收获了意想不到的景象——山寺桃花始盛开。

“空中翻转课堂”，云端相聚，停课不停学，网课给2020年的春季带来了不一样的春天！

参考文献

［1］孙贺.努力实现多媒体网络与小学语文教学的有效整合［J］.课程与教学论，2012.

［2］赵小蕊.微课在银川市小学语文教学中的应用研究［D］.银川：宁夏大学，2014.

［3］陈恩凤.多媒体的使用贵在一个“巧”字：小学语文教学中巧用多媒体例谈［C］//第九届中国教育信息化创新与发展论坛文集.2009：433-434.

4 云端悦读　悦享童年

肇庆鼎湖逸夫小学　黄秀英

“教育”与“互联网”注定在2020年开春来一场完美的邂逅。教育部要求学校以“互联网+”的形式，通过网络平台、数字电视、移动终端等载体，选择灵活多样的形式开展“空中课堂”教学、自主学习、在线辅导答疑等。我作为一线的教师，尝试了在云端上与孩子们开展悦读之旅，悦享童年不一样的快乐。

一、云端导读，一石激起千层浪

教育家叶圣陶先生对阅读曾有过这样的论述：“就教学而言，精读是主体，略读是补充；但是就效果而言，精读是准备，略读才是应用。学生在校的时候，为了需要与兴趣，须在课本或选文以外阅读别的书籍……”那么，怎样在“云课堂”开展课外阅读，把孩子带到书海遨游呢？

“知之者不如好之者，好之者不如乐之者。”我充分借助互联网开展“悦”读活动，用“微课引路—问题导读”来培养学生的兴趣，让学生渐渐乐读书，读书乐。例如，在“寒假读一本好书”活动中，我搜集了多个微课视频，如《走近三国》《我印象中的林黛玉》《请跟我上梁山》等，通过钉钉连续三天每天推送一个视频给学生观看。这样，一来二去，钉钉班群里有一两个学生发来图片与同学分享，有几个同学在交流自己读书的感受，还有个别同学发出借书通告。此时，我认为时机成熟了，接着亲自录制了《微型西游记》微课视频，通过钉钉推送给学生，再发出一个研讨的通告：你最喜欢《西游记》中的哪一个故事？为什么？果然不出所料，在交流群里学生各抒己见，有的喜欢《大闹天宫》，有的喜欢《大战流沙河》，有的喜欢《三打白骨精》，还有的……最后，我在钉钉推出读书的宣传微课视频《书中自有黄金屋》，以动感的画面加上配音，向学生推荐了多本课外书：《小屁孩日记25——极寒求生记》《梁晓声童话·白鸭阿呷》《塬上童年》……然后在钉钉向学生推送研讨通告：孩子，请与同学、老师分享本周的阅读计划。

一石激起千层浪，有的学生说很想去读读《塬上童年》，有的学生说阿呷真有趣，还有的学生说现在就叫妈妈帮自己网购一本《小屁孩日记25——极寒求生记》……让学生参与到“寒假读一本好书”的活动中自然就水到渠成了。

二、云端品读，听取“娃”声一片

阅读是学习之根源，学生的阅读能力是实现学生可持续发展的学习能力。学会阅读，是语文教育的要求。那么，在“云课堂”如何带着学生学会阅读方法，再去品读书中的人物特点、精彩情节、好词佳句呢？

“云课堂”课外阅读活动课伊始，我在钉钉推送了一个品读《小屁孩日记25——极寒求生记》的研讨通告：读过这本书的孩子，书中的主人公格雷给你留下怎样的印象呢？此时，钉钉群里有了些许零散的回应：有趣的孩子；对生活十分乐观的孩子；有点调皮但又十分惹人喜欢的孩子……。我趁热打铁，通过微视频帮学生回忆了多种阅读方法，再推送一个文段。我先让学生默读文段，然后再让学生谈谈从这段文字中看到了一个怎样的格雷。群里的学生立刻哗然一片：“我从格雷的心理感受到这是个有自己想法、十分勇敢的孩子……”“我从当时的天气和格雷的动作里，看到了一个聪明、乐观的孩子”。这时，学生的回答明显有依有据了，我顺势发声：“孩子们，刚才你们是‘抓住关键词句’来体会人物性格特点的，这是一种常用而且很好用的阅读方法。”

《义务教育语文课程标准》指出：“阅读是学生的个性化行为，不应以教师的分析来代替学生的阅读实践，应让学生在主动积极的思维与情感活动中，加深理解和体验，有所感悟和思考，受到情感熏陶，获得思想启迪，享受审美乐趣。”于是，我在接下来的教学中没有太多的言辞点评与引导，而是继续推送了几个《小屁孩日记25——极寒求生记》的片段供学生选择品读，向学生又提出了要求：选择你感兴趣的片段来读，并且边读边摘录，写感受。然后，我在钉钉上还推送了十多张优秀学生读课外书留下的“墨宝”供学生享用，就这样不知不觉20分钟的云端悦读就结束了。

下一节云端悦读课伊始，我果然听到了“娃”声一片：“书中的格雷是一个搞笑而又冷静乐观的人，而我呢，是一个经常板着脸而又容易发脾气的人……”“我们总会遇到一些困难，但不能逃避，要像乐观的格雷那样使出浑身解数去解决……”此时，许多学生会带着同学的感受，再次回到片段去反复阅读，寻找与同学的“共鸣”。

这样的“云课堂”课外阅读活动课，以“微课激趣—实践品读—分享交流—再次品读”的方式指导学生完成品读过程，输出品读体会，并以结果为导向促进学生完成深度阅读，从而形成以阅读实践成果产出为目标的正向激励循环。

三、云端延读，半亩方塘一鉴开

在开放的语文教育体系中，课外阅读不是游离于语文教育过程之外的“点缀”，而是语文教育的一个重要组成部分。鉴于此，扩大学生的课外阅读量势在必行。

在上一节课的课外阅读活动中，我带着学生与格雷做了一次深度的“交流”，但我并没有止步于此。上一节课即将结束时，我就在钉钉上埋下了伏笔，推荐课外“黄金屋”，并附上提示：孩子们，“黄金屋”的小主人公各有特点，你们尽情地与他们进行思维碰撞吧！

课前，我先以读者的身份录制了《我来向你推荐〈塬上童年〉》的微课视频，上课伊始就播放该视频，结果微课视频一播完，学生们就各抒己见：“我与老师一样也读了《塬上童年》，此书以懵懂少年的视角，回忆了乡间孩童嬉戏的童年岁月……”我听了立刻在群里点赞，并附上一句：“你是个会读书的孩子！”小杰按捺不住了，干脆打开摄像头跟大家直播推荐：“大家真是心有灵犀啊，我也读了《塬上童年》，这本书从童年讲至少年，既有淡淡的哀愁，也有恣意的玩乐，更有成群结伙的快意，明朗温暖……”我看小杰直播时多次给他“鼓掌”“大拇指”等表情包，并附上“未来的播音主持，我喜欢你！”的文字。我班的小学霸小蕊同学终于坐不住了，也打开摄像头直播推荐。她先让同学欣赏自己的《读书小脚印》，然后把镜头对准书桌上厚厚的一摞课外书，说："近日，我读了四本课外书，其中《梁晓声童话·白鸭阿呷》中的主人公阿呷最有趣……"我给小蕊发去文字：谢谢你小蕊，你给我女儿上了精彩的一堂课。然后，我把电脑摄像头对着我家两岁的豆豆。课下，有几个学生还给我私发了自己的《推荐一本好书》的视频，说是给豆豆看，但我明白他们的心思。

这样的云端悦读课，以"微课示范—双向展示—多维度点评—爱上阅读"的方式开展课外书延读活动，达到了师生互动、生生互动的目的，半亩方塘一鉴开。

2020年，春日迟迟，卉木萋萋。我与学生们在云端悦读，享受云端的春光，悦享不一样的童年春景。

参考文献

[1] 惠特默. 高绩效教练［M］.北京：机械工业出版社，2018.

[2] 伍周旋. 小学语文教学个性化与学生个性化发展：基于阅读和综合实践活动课程的教学策略研究［D］.长沙：湖南师范大学，2002.

5

这个春季"语"中绽放

——《鲁滨逊漂流记》"宅家空中翻转课堂"优秀案例

（部编版小学语文六年级下册）

肇庆鼎湖逸夫小学　黄秀英

一、案例背景

2020年的春季开学时间因突如其来的新冠肺炎疫情推迟了。我校积极响应教育部"停课不停教，停课不停学"的号召，"五育"并举，家校协同，因地制宜，国家课程与校本课程相结合，线上与线下相结合，于3月2日开始有序地开展肇庆鼎湖逸夫小学线上教育。我校探索出一套适合语文线上教学的模式：宅家空中翻转课堂。这个春季，鼎湖逸夫娃同样可以在“语”中绽放。

二、课程和学生特点

课程名称：部编教材六年级下册课文《鲁滨逊漂流记》

课程类型：精读课文教学

课时安排：两课时

课程人数：304人（六年级）

课程特点。本单元的语文要素是：“借助作品梗概，了解名著的主要内容”和“就印象深刻的人物和情节交流感受”。本单元的习作要求是：学习写作品梗概。《鲁滨逊漂流记》是英国现实主义文学著作，是西方冒险小说中的经典作品之一，在英国文学史与世界文学史上都有着重要的地位。《鲁滨逊漂流记》以当时发生的一段真实故事为蓝本，结合作家笛福自己的经历和想象，采用自述的方式，讲述了一个情节曲折、细节生动的传奇故事。主人公鲁滨逊在航海的途中遇到风暴，只身漂流到一个无人的荒岛上，开始了一段与世隔绝的生活。本课内容由梗概和节选组成。第一部分是梗概，概括地介绍了《鲁滨逊漂流记》这本小说的内容。梗概按照鲁滨逊历险的时间顺序，记叙了五件事。第二部分是节选，选取了鲁滨逊初到荒岛的部分。梗概是学生第一次接触的习作类型，本课给学生提供了梗概的范例，该范例可以帮助学生了解梗概，这为本单元的习作做了铺垫。

学情分析：六年级的学生有一定的阅读能力，并掌握了一定的阅读方法。但是学生的阅读能力参差不齐，而梗概又是第一次接触，所以教学时老师要紧紧围绕单元语文要素，引导学生学习梗概，把握名著的主要内容，以及抓住主人公的经历进行交流，谈感受。

三、原来的教学模式和现行的教学模式比较

项目内容	原来的教学模式			现行的教学模式		
	课前	课中	课末	课前	课中	课末
教师行为	提出预习要求：读一读、画一画、想一想	根据教学设计开展教学	根据教学设计进行小结、布置作业	根据课文的重难点和本单元的语文要素，布置课前预习作业	推送自主学习的微课视频、课堂检测题等，根据学生提出的问题，对知识的重难点进行详细讲解	收集后台数据，并通过钉钉平台与学生互动，了解学生的自主学习情况，批改并点评作业
学生行为	根据老师的预习要求开展预习	跟着老师的引导学习	听老师小结写作特点、方法及课文内容等，课后完成作业	根据老师的课前预习作业，有目的有计划地开展自主预习	根据课前预习提出问题，并带着问题观看微课视频，开展自主学习。听老师讲解知识重难点	在钉钉平台与老师、同学互动，交流自己的收获，或提出问题与同学交流
学习效果	学生在老师的引导下被动学习，缺少思考和自主学习的空间，缺乏主动性			主要通过“自主学习—提出问题”的方式学习，给了学生自主学习和思考的空间，培养了学生的自主学习能力和思维能力。教师抓住学生的多错点、易错点和知识重难点展开讲解分析，省时高效，学生学习更具有主动性、针对性		

四、学习资源设计

教师课前准备的资源：

1. 课前自学指南；

2. 微课视频；

3. 课堂实践练习题；

4. 研讨交流指南；

5. 课末检测题。

学习平台支撑：

1. 手机或平板安装钉钉和好学区（嗨学宝）；

2. 手机或电脑安装微信。

五、学习活动的组织

（一）个人学习

1. 活动一，每课一思：学生带着老师的课前预习指南阅读课文，并完成相关的预习作业。

2. 活动二，每课一学：学生带着课前自学指南观看老师推送的微课视频，开展自主学习。

3. 活动三，每课一问：学生观看完微课视频后，提出问题。

4. 活动四，每课一练：学生在观看完微课视频后完成3—5道题的课堂练习。

（二）小组学习

1. 每课一谈：学生根据教师推送的研讨指南在钉钉平台分组交流互动，或者在教师讲解知识重难点时提出问题与同学交流，还可以在作业批改互动时，提出自己的看法与同学、老师交流。

2. 每课一测：课后，学生登录钉钉家校本或嗨学宝，完成每一节课的小测题，并登录钉钉班群与同学、老师交流互动。

六、授课方案

内容项目	方案1（自己录制微课等资源）	
	教师	学生
课前	1. 制作课件 2. 录制微课 3. 编写习题、预习作业、课堂小测、课后作业等  	1. 登录钉钉，查看老师的预习作业 2. 带着预习作业，熟读课文

续 表

<table>
<tr><th rowspan="2">内容项目</th><th colspan="2">方案1（自己录制微课等资源）</th></tr>
<tr><th>教师</th><th>学生</th></tr>
<tr><td>课中</td><td>1. 登录好学区嗨课宝，推送学习任务和课堂小测题
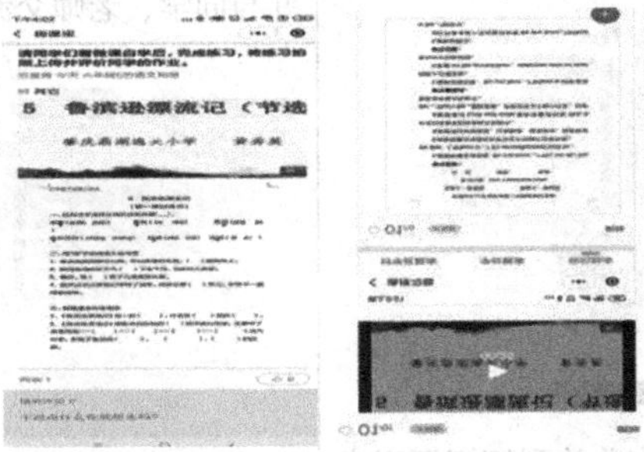
2. 根据后台反馈的数据，针对大部分学生集中反馈的问题做重点分析或抓住课文的重难点讲解
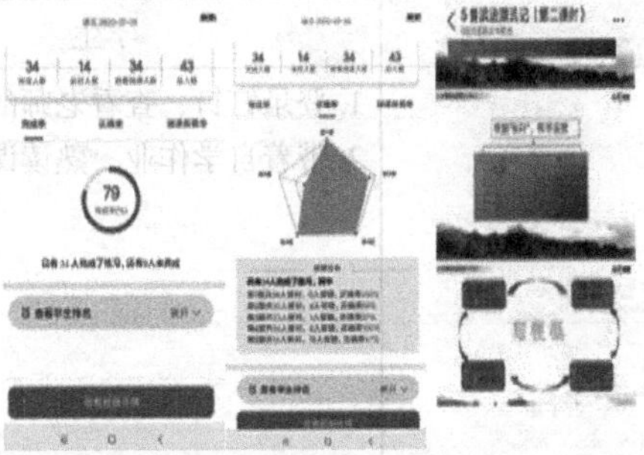</td><td>1. 登录好学区嗨学宝，带着老师的自学作业观看微课，自主学习
2. 自主学习后提出问题</td></tr>
<tr><td>课末</td><td>1. 在好学区嗨课宝推送课堂小测题
2. 根据后台的数据，针对学生答题正确率低的习题做重点讲解
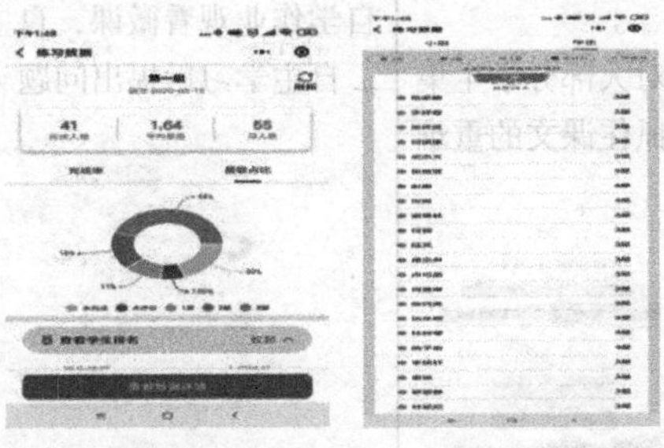
3. 在好学区嗨课宝或者在钉钉家校本上推送课后作业</td><td>1. 登录好学区嗨学宝，完成课堂小测题
2. 上传作业，查观答题情况，并听老师重点讲解易错题
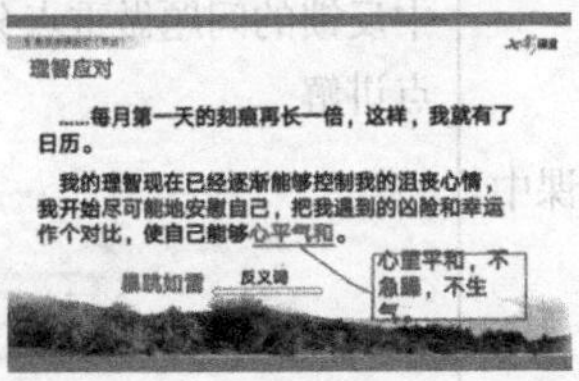
</td></tr>
</table>

续表

内容项目	方案1（自己录制微课等资源）	
	教师	学生
课下	1. 登录钉钉批改作业，与学生互动  2. 把部分正确率较低的学生作业放到钉钉订正窗口，让学生重新做一次	1. 自主完成家庭作业 2. 登录钉钉，拍照上传作业，并与同学、老师交流 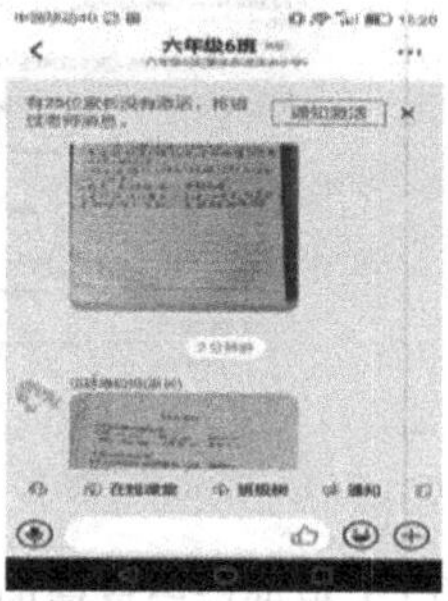

内容项目	方案2（筛选好学区平台教学资源）	
	教师	学生
课前	1. 登录好学区嗨课宝 2. 筛选微课资源、习题等  	1. 登录钉钉，查看老师的自学作业 2. 带着自学作业，熟读课文
课中	1. 登录好学区嗨课宝，推送学习任务和课堂小测题 2. 根据后台反馈的数据，针对大部分学生集中反馈的问题做重点分析或抓住课文的重难点讲解   	1. 登录好学区嗨学宝，带着老师的自学作业观看微课，自主学习 2. 自主学习后提出问题 

续表

内容项目	方案2（筛选好学区平台教学资源）	
	教师	学生
课末	1. 在好学区嗨课宝推送课堂小测题 2. 根据后台的数据，针对学生答题正确率低的习题做重点讲解 3. 在好学区嗨课宝推送课后作业	1. 登录好学区嗨学宝，完成课堂小测题 2. 上传作业，查观答题情况，并听老师重点讲解易错题 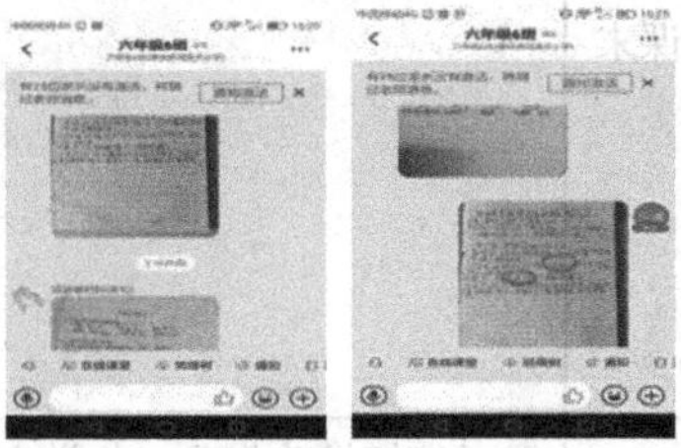
课下	登录钉钉批改作业，与学生互动 	1. 自主完成家庭作业 2. 登录钉钉，拍照上传作业，并与同学、老师交流

内容项目	方案3（在钉钉班群直播教学）	
	教师	学生
课前	1. 制作课件 2. 登录钉钉，发出直播通告 3. 在钉钉班群开展直播教学 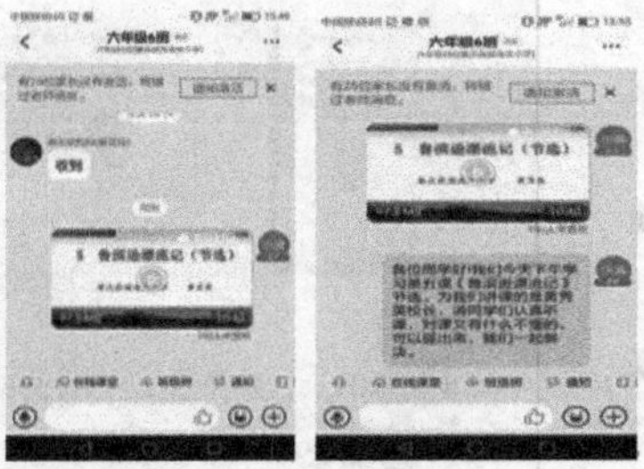	1. 登录钉钉，查看直播通告 2. 提前五分钟登录钉钉，进入直播课堂
课中	教师借助课件开展直播教学，及时回答学生的问题	观看老师直播，并提出问题与老师、同学互动交流

续表

内容项目	方案3（在钉钉班群直播教学）	
	教师	学生
课末	1. 在钉钉班群推送课堂小测题及点评 2. 在钉钉家校本推送课后作业	1. 登录钉钉，完成课堂小测题 2. 上传作业，查观自己的答题情况，并听老师重点讲解易错题 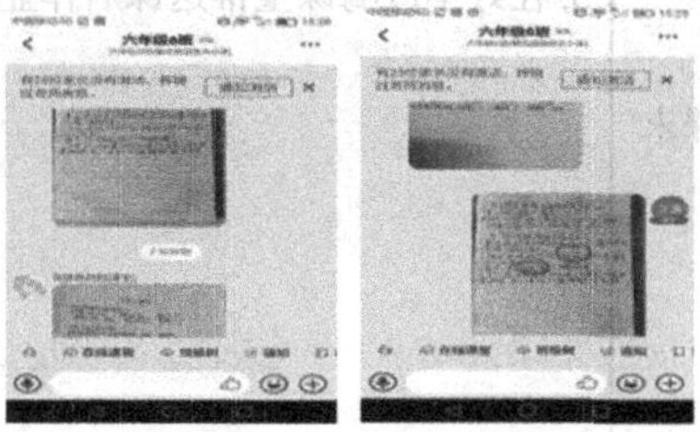
课下	登录钉钉批改作业，与学生互动	1. 在钉钉家校本上自主完成家庭作业 2. 登录钉钉，拍照上传作业，并与同学、老师交流

内容项目	保底方案		
	主要方式	教师	学生
保底方案1	观看回放	1. 指引学生到钉钉观看直播回放 2. 指引学生到嗨学宝开展自主学习 （两个平台的所有内容保留100天）	1. 登录钉钉，观看直播回放，开展自主学习 2. 登录嗨学宝，观看微课视频，开展自主学习
保底方案2	在微信班群学习	在班级微信群开展教学活动：推送学习任务、互动交流等 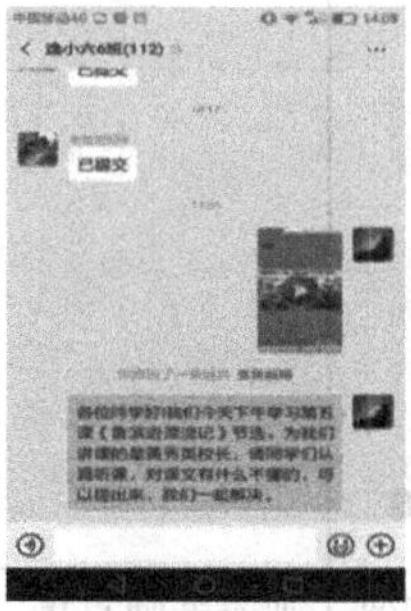	登录班级微信群，打开课件自主学习，然后在群里与老师、同学互动，并完成相关习题、作业 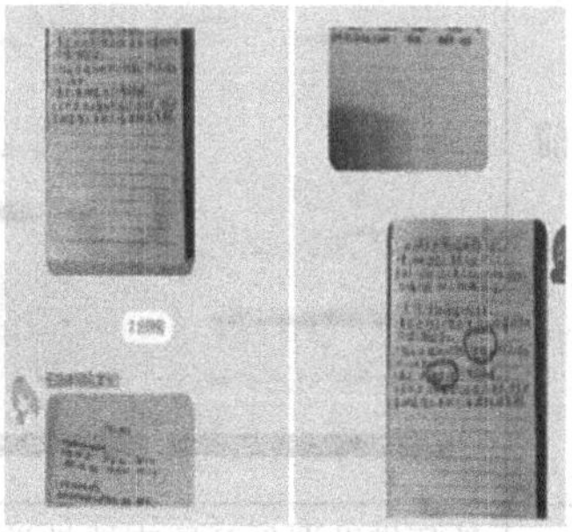

七、学习评价的设计

1. 借助平台数据，了解学生学习效果。教师通过好学区每节课的日报表数据，清楚地了解参与自主学习的学生人数、学生做题的正确率、答题的时间、班级学生排行等情况，及时调整教学内容和教学方式。

2. 多向互动交流，及时了解作业情况。教师借助钉钉平台的家校本功能，开展线上师生互动批改作业的活动，并评选优秀的作业作为榜样；还可以把“错的”或“马虎”的作业打回订正功能窗口，让一小部分较后进的或马虎的同学重新做一次，达到巩固提高的目的。

3.多台联播反馈，总结每周的学习情况。每周末任课教师把好学区的每周日报表和钉钉的家校本窗口反馈的情况进行整合梳理，及时公布学生每周学习排行榜，选出学习之星，树立榜样，同时对后进学生的学习进行查漏补缺。

第五篇

育人碎谈

1 敏于领悟 且思且行

肇庆鼎湖逸夫小学 黄秀英

时光如水，岁月如歌，转眼我已在教育这块园圃辛勤耕耘了21个春秋，从一个初出校园的小姑娘成长为鼎湖区骨干教师、肇庆市学科带头人、肇庆市优秀教师、广东省南粤优秀教师、广东省特级教师。20年来，我真切地体会到一名教师的艰辛，但更多的是享受到一名教师的幸福和成功。我在平凡的岗位上演绎着自己的人生故事。

一、观望等待期：奋发积聚，面壁寻机图破壁

当课改的春风悄悄吹到我们肇庆大地时，我有种说不出的喜悦，也想在这场改革中一显身手。可到底什么是新课程改革？究竟怎么改？……一连串的问号打在脑中，挥之不去。心有参与改的热情，可真的无从下手，只知道当时把新课程改革理解为“穿新鞋、走新路”，可“新鞋”什么样？好不好穿？……虽一直在看，但始终没敢尝试。都说“初生牛犊不怕虎”，可课改这只“老虎”真的让我好长时间心存畏惧。就这样，我经历了漫长的奋发等待期，处处寻着“他山之石”，以图有朝一日得破壁之法。

二、探索实践期：敢于追求，乘风破浪会有时

教学之初，我永远忘不了那一节课：我费了很大的气力向学生讲解几个生字，可学生就是不懂。无奈，第二节课我走进了同年级一位经验丰富的老师的课堂。当欣赏到这位老师的精彩课堂教学，看到识字的方式那么有趣且有效时，我的心受到了深深的触动。从小不服输的我暗暗告诉自己：“只要我努力，我也能把语文课上得精彩快乐！”为了提高自己的教学能力，我

成了学校最谦虚的“学生”，反复听老教师上课，把一招一式记在心里，反复地揣摩。2000年，区教育局罗局长、区教研员和校长等近30人听了我执教的《蝙蝠和雷达》一课后，高度评价了我的课堂设计，教育局罗局长还说：“这位青年教师不错，很有潜力，要好好培养。”这让我心潮澎湃，更为我追求成功的课堂注入了新的动力。

三、挑战自我期：善于反思，衣带渐宽终不悔

2004年，我迎来了新的机遇——代表肇庆市参加广东省青年教师阅读教学观摩大赛。对于这样千载难逢的机会，我内心十分激动。为了取得好的赛果，每一次试教完我马上请教导师，及时反思，修改教案；每天，我面对镜子“试教”；每一次试教课都进行课堂实录，课下我多次翻看录像，反思自己的不足……功夫不负有心人，最后我囊括“教学设计”“板书设计”和“课堂教学”三个单项的一等奖（肇庆市至今最好的成绩），这让我对我的语文教学充满了自信。

新课程改革犹如一缕春风，瞬间吹遍了神州大地，吹进我的心扉。走进新课程改革，我真切地看到了自己成长的轨迹。我认真研读了《义务教育语文课程标准》，在教学中努力践行新课标，探索新的教学方式，不断改革自己的课堂。

《詹天佑》一课我执教多次，但每一次教学后都有不同的收获和感悟。在第一次执教时，我按照传统，引导学生抓住文中的中心句——詹天佑是我国杰出的爱国工程师，让学生边读课文边找出体现詹天佑“杰出”和“爱国”的语句，从整体上把握课文的脉络。这往往要花上两三个课时。我静下心来想想，感觉如行云流水，思路很清晰，然而学生却学得没什么兴趣，情感也没被激发出来。这样没有一点活力的课堂，学生在课堂上除了理解了课文，品析比较了几组词语，情感上获得了简单的体验之外，还有什么收获呢？学生的语文能力、语文素养是否得到了提高？这很值得我深思。

《义务教育语文课程标准》指出：“语文课程应拓宽语文学习和运用的领域，注重跨学科的学习和现代科技手段的运用，使学生在不同内容和方法的相互交叉、渗透和整合中开阔视野，提高学习效率，初步获得现代社会所

需要的语文实践能力。”2012年9月，我接到了区教研室的任务——代表鼎湖区录一节优质课参加广东省信息技术与语文学科教学整合的录像课比赛。再次执教《詹天佑》时，我借助信息技术与语文学科的整合，丰富语文学习情境，激发学生学习兴趣。课堂上学生自读课文—多媒体重现画面—观看多媒体flash动画—借助电子书包动手操作，教师无须多讲，学生的疑难全在读书和动手实践中水到渠成地解决了，课文的重点也得到了突出。我执教的《詹天佑》在广东省信息技术与语文学科教学整合的录像课比赛中获二等奖和在肇庆市教师教育技术能力建设项目教学应用创新竞赛中荣获市级一等奖。区教研室还把这节课上传到了鼎湖区教育信息网，供全区小学语文教师观摩、学习。

此时，我最深的感受是：在新课程理念的指引下，教师要能在真正意义上帮助学生构建“自主、合作、探究”的学习方式，结合现代化手段给学生展示个体生命风采的空间，当给他们的思维插上翅膀时，他们就能在更广阔的天空中自由翱翔。

四、发展突破期：自成一格，咬定青山不放松

2013年9月，我新接手了一个班级，应学校的要求接受了与中山西区小学联校教研的任务。为了展现自己先进的教学理念和独特的教学风格，我决定再次执教自己曾获奖的、上得较成功的课——《詹天佑》。满怀激情的我走进了课堂，开始，学生还是被吸引住了，可接下来却不能按我预设的教学内容来学习，更没有出现那个满怀自信的“小小工程师”。课堂效果可想而知。虽然老师们的评价还是比较好的，可我深深知道，我的课是失败的。

新课改对教师提出了更高的要求：教师要在课堂的教学实践中从生活实际出发，对课程内容进行深刻的理解和准确的把握，采用新的教学方式和策略，认真地研究学生的特点，解放学生的思想、双手、双脚，帮助学生在自我建构中谋求个性发展。著名教育家朱熹也曾说过：“圣贤施教，各因其材，小以小成，大以大成，无弃人也。”课后我静下心来反思：一样的教材，一样的老师，一样的设计，唯一不同的就是不一样的学生，可差别竟如此之大。对，我恍然大悟，这次的失败就是因为我没有根据学生的实际施教

啊！由此，我深深地体会到：我们不能选择适合教育的学生，而应该选择适合学生的教育。于是，我开始全面了解班上的学生：班上60%的学生都是创强时从镇上各村校撤并到该校的，有三分之一的学生是留守儿童……学生的水平参差不齐。针对这个班的特点，我不应盲目地照搬我的“优秀”教学设计，而应因学生而施教。慢慢地，这个班的学生变了，变得愿学、勤学、会学……在小升初的质量检测中，这个班的成绩名列前茅。

2014年，听了特级教师王松舟的报告后，我感触颇深：他用自己的体会——“关爱、尊重、理解、赏识”，向我们诠释了人文精神的博大精深，但首先是爱，只有有了爱，我们才能成为一个育人之人。是啊，学生不是生来就不愿学习的，关键是我们老师如何引导和关爱，尤其是学困生。只要我们关爱、尊重、赏识学生，用爱滋润学生的心田，焕发他们的自信，就能激发他们的学习潜能。

回顾近21年的语文教学之路，我感恩站在一群巨人的肩膀上，逐渐形成了灵动大气、扎实有效的“四有”语文教学风格——有爱、有疑、有趣、有情。相信在语文教学的大路上，我的课堂永远充满生命力，这是我的追求，也是我一直追寻与享受的职业幸福。

2

雨后彩虹

肇庆鼎湖逸夫小学 黄秀英

“阳光总在风雨后”，每当听到这句歌词我总会激动。彩虹又何尝不是？不经风雨的考验，又何尝有七色的彩虹？

“老师，今天放学后可否再与小讷聊聊？”电话那头的家长带着哭腔诉说着，“昨晚，你家访完，前脚走，小讷他后脚就夺门而去了，直到12点多才回到家，我真是——没有办法了。”“好的，到时候我再打电话让你来接他。”我感觉十分无奈，放下电话，重重的挫败感从心头涌了上来。

窗外乌云密布，一道闪电划破天空，雷声惊天动地，一场倾盆大雨马上就要来临了。电话这头的我比这天气还糟糕，感觉所有的付出都归零了。小讷妈妈当初为了让小讷远离那些“玩伴”，特意把小讷从市区重点小学转到我校，已经将近五个月。一次次的谈心、家访、苦口婆心的教导等对小讷都似乎没有“药力”。小讷我行我素，沉默寡言，从不与同学、家人交流，十分贪玩，经常溜出去玩到深夜不归，还有早恋现象。

放学后的课室里就剩下我和小讷。骤然间又一阵雷声灌耳，可这没有打破课室里的沉静。批改作业的我表面十分平静，可内心翻腾不已。最终我按捺不住：“小讷，昨晚我们不是聊得好好的吗？你不是答应我了吗？你不是给我写了保证书吗？……”心中的怒火与疑问一并连发。小讷却发挥他惯有的本领——“木头人”一言不发。

此时一个个镜头在我眼前闪现：电闪雷鸣的傍晚送小讷回家；一次次的办公室、课室苦口婆心的谈话；对他一次次犯错后的耐心引导；一次次下班后的家访；深夜与家长一同在大街小巷寻找这位迷途少年……

我实在按捺不住了……

滂沱大雨从天上倾倒下来，霎时，窗外变成了白茫茫的一片。“轰——轰轰——”一声惊雷，这更激起了我内心的怒火。

“零——零零——”电话铃声响了。“喂，爸，我还留了一个学生，你和妈先吃，不用等我。”“老师，你经常和爸爸妈妈一起吃饭吗？”我看见小讷眼眶泛红，不知为什么，心中的怒火没有了，莫名的心酸和怜悯油然而生。我压抑着情绪淡淡地回应了一声：“怎么啦？和爸爸妈妈一起吃饭是件很平常的事呀。”我悄悄地看了一眼：小讷上齿咬着下唇，揉搓着双手，强忍着泪水，可是眼泪还是夺眶而出了。“老师，这么平常的事，我却……我出去玩到深夜，爸爸可能会来找我，平时——”他欲言又止。我觉得他的心扉开始敞开了。“昨天晚上，你溜出去玩到12点多，有想过爸爸会担心吗？”他摇摇头说：“他很忙，我还是过年时跟爸爸吃了团年饭，到现在——晚上出去玩，妈妈找不到我时，必定会给爸爸打电话，让他找我。”这下，我惊醒了。我说：“你老是在晚上跑出去玩，就是为了见爸爸？”他的泪水瞬间顺着脸颊流下来，他抿了抿嘴，轻轻地点了点头。“爸妈闹离婚，我们很少一起吃饭。我……每次想到爸爸妈妈关心我，就只有……”“就只有让他们担心你，你就晚上溜出去与社会上的‘小伙伴’玩？”我接着他的话追问着。他抬起泪眼看着我，什么也没说。雨渐渐小了，窗外的一切变得明亮起来。我说：“你是聪明的孩子，但选择了一个最愚蠢的方法。你今天跟我说了心里话，你就是我的朋友，相信我，我给你出点子，让你愿望成真，信吗？”天空中的乌云不知什么时候消失得无影无踪，云层透出了些许阳光，阳光透过玻璃窗照进课室，课室明显光亮了许多。此时我看见他半信半疑的眼神，不知又从何而来的心酸与怜悯。“你愿意听我的，今天晚上就让你一家团圆。”他站了起来，一手搭在我的肩膀上，说：“老师，都听你的。”“男子汉说到做到，拉钩上吊一百年不许变。”这“一搭一拉”让我莫名地兴奋与满足。

一道阳光透过云层直射下来，照亮了窗外的青山，天空渐渐地放晴了，一道彩虹悄然挂在天边，那耀眼的彩色显得格外清新。小讷的手搭在我的肩膀上，两人就这样静静地站在课室门口看着七色的彩虹，似乎一切都变得那么美好……

德国哲学家雅斯贝尔斯说：“教育就是一棵树摇动另一棵树，一朵云推动另一朵云，一个灵魂唤醒另一个灵魂。”哪个孩子的成长不经风雨？哪个教育者不用静待花开？教育无须华丽的辞藻来形容，也无须精妙的画笔来描画，因为有温度的教育就如彩虹，美美的，暖暖的。

3

用心耕耘　静待花开

肇庆鼎湖逸夫小学　黄秀英

“十年树木，百年树人”，一语道破了教育的真谛：教育是慢的艺术。作为教育工作者，我们要用心耕耘，静待花开。用心耕耘，我们需要从

"爱"出发，耐心引导，宽容对待。

一、善于用爱心等待

著名教育家魏书生说过："教师应具备进入学生心灵的本领。育人先育心，只有走进学生的心灵世界的教育，才能引起孩子心灵深处的共鸣。"教育家孙远蒲老师也问得好："你知道自己在学生心中的地位吗？"对于学生来说，班主任是开启他万千世界的人，他们会把班主任的关爱当作一种奖赏、一种激励，从中感受到温暖、获得进步的力量。教育需要灵活的智慧，需要走进学生的心灵打开学生的心结，这样才能够为有效教育的开展打下坚实的基础。

我班有个叫陆昆喻的学生，刚接手教他时，天天收到其他科任老师的投诉：课堂总以他为中心；对待老师的话语，从未放在心里，要不就当面认错背后又犯。好多任课老师都拿他没办法。这样的一朵花苞，不但没开放，还浑身带刺，刺伤了班里的同学，也刺伤了老师的心。

苏霍姆林斯基曾说过："教育的效果取决于学校家庭的一致性，如果没有这种一致性，学校的教育教学就会像纸做的房子一样倒塌下来。"可见家庭教育和学校教育一样，起着举足轻重的作用。基于此，我及时和陆昆喻的家长进行沟通，把孩子的表现如实地反映给他们：他思维很敏捷，却管不住自己，一门心思想玩游戏；对老师布置的工作非常积极地完成，但又经常不完成作业。因此，他常常受到老师的批评指责，自尊心和自信心都受到了严重的挫伤。为了保护自己不受伤害，与老师对着干就成了他自我保护的武器了。同时，在与家长的沟通交流中，我了解到陆昆喻的家庭情况：父母离异，父亲重组家庭，他跟随母亲生活，但母亲工作忙且教育方法简单粗暴，无暇管教也管教不了他。因此，这些导致他纪律松散，无心向学。当陆昆喻的妈妈看到我如此真诚地关心孩子时，也表示一定会支持我们的工作，并且在教养孩子的过程中会多一些耐心，多一些爱。当陆昆喻与同学、老师发生矛盾时，我分清是非，不因为他以前的过错而歧视他，也不再当着学生的面批评他了。当发现他的优点，我及时给予肯定，并让他当一个小组长。渐渐地，同学们对他的看法也改变了，不仅接纳了他，还能友好相处。是的，我们要让班集体充满爱和友谊，因为爱和友谊是学生成长的最好的养分啊！

在等待中我见到了他的变化：他在学习、纪律、行为习惯等方面都有了很大进步，小学毕业还以优秀的成绩考取了重点中学，经学校推荐被评为鼎湖区“思想道德进步之星”。毕业第一次回学校见到我，陆昆喻真诚地说：“谢谢您，老师！是您教会了我如何做人，是您给了我父母般的爱，是您给了我生活的阳光。”

在孩子成长的过程中，行为习惯的养成不是一朝一夕的，我们要时刻鞭策自己，和颜悦色地去进行劝导与提醒，等待中不忘播撒爱的阳光，加之不屈不挠，很柔的水也能流向希望之所在，曾经带刺、扎人的花，也能绽放最美的笑。

二、善于耐心倾听

“莫疑春归无觅处，静待花开会有时”。是的，教育原本就是一个静待花开的过程。在这个漫长的过程中，我们需要给予学生足够的反思和进步的空间，同时需要不断地修正自己的教育行为，耐心地等待教育绽放出最美最灿烂的生命之花。

作为班主任，我严格要求学生要按时上学，不能迟到。但有的学生就是有懒散的毛病，如麦浩华就经常迟到。有一次，已经上课了，但麦浩华同学还没到，我的气就不打一处来。他已经迟到了好几次，我昨天才找他谈了话，他还保证再也不迟到了，可今天又迟到了。正当我指导学生们有感情地朗读课文时，突然，一声“报告”打断了大家的朗读。学生们看看他，又看看我，好像在说：老师，他又迟到了，不知道您会怎么处罚他呢？我狠狠地瞪了麦浩华一眼。“老师，我妈妈……”麦浩华正想说什么，却被我抢过了话头，“你又拿妈妈当挡箭牌，你看，都几点了？你昨天怎么向我保证的？说话不算话，你算不算男子汉？”一顿训斥后，我让他回座位，下课到办公室找我。

下课后，我打开手机，发现有一条未读信息：黄老师，我是麦浩华的妈妈，昨晚他发烧了，早上我带他去看医生……我呆了，后悔自己没有耐心听完他的解释就当着全班同学的面批评了他。这时，他也来到我的办公室，我马上真诚地向他道歉。第二节课，我第一件事就是当着全班同学的面说出了他迟到的原因，并向他道了歉。这时，我看到他眼睛有点湿润了。

第二天，我又收到麦浩华妈妈的一条短信：黄老师，谢谢您这么耐心地教育我的孩子，他回来跟我说了这件事，他非常感动，还保证以后不管发生什么事都不迟到了。看完短信我惭愧啊！耐心倾听，让孩子把话说完，这是多么重要啊！

伏尔泰说过，耳朵是通向心灵的路。我知道，等待孩子把话说完，是一种能力，也是一种修养，无声也能温暖，倾听最是关爱。

三、善于用宽容心等待

善于等待，就需要班主任有一颗宽容的心，善待学生所犯的错误，善于从学生的错误中挖掘亮点。英国的教育家斯宾塞说过：野蛮产生野蛮，仁爱产生仁爱，这就是真理。是啊，以生命影响生命，让孩子在接受爱的同时，学会给予爱，这才是教育的真谛啊！

我的教育故事里也有这样的例子：一天，我在代收学校车费的时候，有个学生哭着向我报告，说她的乘校车费450元不见了，并怀疑她前面的同学……而在这时，我恰好发现那个学生惶恐和求助的眼神。于是我略微沉思了一下，说："或许哪位同学一贪玩拿了你的车费，或许是你自己不小心弄丢了，但我肯定拿你车费的同学现在一定很后悔。"说着，我拿出自己的钱包说："这样吧，我给你先垫上车费吧。不过我要告诉这位同学，随便乱拿别人的东西是不良习惯，拾金不昧、知错能改还是好孩子。"放学后，那个拿车费的学生悄悄来到我的办公室，讲述了她拿车费的经过，并说："老师，如果不是您的宽容，如果您当场揭发这件事，我肯定无地自容，谢谢老师。正因为老师您的宽容，我以后要做个诚实的孩子，也会更加勤奋好学。"

春风是冰河的等待，雨露是禾苗的等待，收获是秋天的等待，阳光是大地的等待，学生的成长是老师的等待。心智不成熟的孩子，在成长之中犯错误是必然的。人的发展"三分教诲，七分等待"，因此，作为班主任，我们要善于等待，要善于用一种良好的心态等待孩子的成长。

4

用“爱”点化心灵的“碍”

肇庆鼎湖逸夫小学　黄秀英

正如鲁迅所说“教育是植根于爱的”，教师打开学生的心扉、取得学生的信任、化解心灵上的障碍，爱是首要条件。爱是教育的基石，是教育的“催化剂”，它可以促进学生的进步；是滋润学生心田的甘露，给孩子前进的力量；还可以化“师”为“友”。正是这样；我热爱和关心每一个学生，用爱架起一座通往学生心灵深处的桥梁，点化学生心灵的障碍。

一、偏爱“C”君——忽如一夜春风来

“C”君是谁？他们被人贴上这样的标签：基础差、学习成绩差、纪律差、行为习惯差……那么我是怎么走近“C”君的呢？

没有爱就没有教育。我面对后进生，不但有责任心，更有爱心。我还给他们更多的关注，更多的投入，大胆吸收这些后进生参与班级管理，让他们在管理中克服自身不良的行为习惯。在班中，我创设一些班级活动和任务让他们参与，使他们找到自己在班上的存在感。

就说我们班的区活才吧，他天生反应慢、动作慢，再加上父亲年纪大，母亲每天晚上都要加班，没时间管教他，好玩的儿童天性在他身上发挥得淋漓尽致，没几天，他未完成的作业可以堆成一座“小山”，同学都取笑他可以“愚公移山”。有一次我找他要作业，看到他很自卑地低下了头，假装在书包里找作业，同学们说他是“最佳男主角”。于是，我利用班队课，当着他的面对同学们说明了他的情况，班上鸦雀无声。我说：“如果我们大家多去督促他，指导他完成作业，相信他会完成作业，大家会多一个伙伴，多份快乐。有谁愿意当他的作业监护人吗？”有几个爱管

事的同学举手了。我为小区同学选了一个“作业监护人”同桌。“监护人”果然有效——小区同学欠交的作业越来越少了。一个学期下来，在等待中我见到了他的变化，我们之间架起了信赖之桥，他在学习、纪律、行为习惯等方面都有了很大进步，小学毕业还考取了优秀的成绩，2011年经学校推荐被评为鼎湖区“思想道德进步之星”。

二、严爱“A”君——一言惊醒梦中人

“A”君个性张扬，学什么像什么，谁都爱他们。也正因为如此，“A”君犯错，许多班主任采用放任的态度——“小问题放过，大问题带过”。但小的缺点也会造成大的隐患，对这类学生，我从不宠坏他们，更不迁就他们。我遇到这样一个“A”君——小天。他天生聪明，学什么会什么，而且很有自己的一套学习方法。每次小测从没有退出前三名，即使在全年级也是数一数二的。但是他没有一点集体感，非常高傲，也少与同学交流。我为了让他更好地融入集体，让他变得更愿意与人交往，特意让他任学习委员一职。刚开始还不错，但慢慢就接到同学们的投诉：学习委员没有带好晨读，忘记了收发作业，没有组织课前一诵……“老师，小天与同学打架了……”刚听到班长的报告，我想他是班干部，可能被同学欺负了。走到课室后，我看见小天的同桌小颖趴在桌子上哭，小天在桌子上若无其事地做作业，课室满地都是书本，一个粉红色的书包倒挂在椅子上……经了解，原来是：下课了，小天在座位上做作业，小颖和几个女同学在看《爆笑校园》，不时发出笑声。在做作业的小天发出抗议后，小颖和那几个女同学并不理他，仍旧边看边笑，小颖还笑说小天是个“小书虫”。小天二话不说，结果就是刚才那一幕了。我让小天先把小颖的书捡起来，再给他布置一个家庭作业：把小颖的书包背带缝好。晚上，我接到了小天爸爸的电话：“老师，今天发生的事也不全是小天的错，他现在不愿吃饭，也不洗澡，能不能——”我没等他把话说完，就说：“爱子乃人之天性，尤其对独生子女更是如此。但爱也是有讲究的，过分的爱、不恰当的爱，对孩子来说不是好事。今天您舍不得孩子委屈，那明天您一定受委屈。孩子做错了事情就该让他自己承担……”听完我的话后，小天爸爸也十分配合我的工作，还亲自与小天一起把书包补好给同学送了回去。第二天，我把语文课改成了主题班课《放大镜和显微镜下的自己》。课上，我让学生说说放大镜和显微镜下的自己的性

格特点，也可以说说班上的同学。我暗地里安排了班上的“大胆”说说小天，他一一细数了他的许多优点，也毫不留情地扒出了他的缺点：不与他人合作、不关心集体、高傲……我顺水推舟，说：“金无足赤，人无完人。每个人都有自己的长处与短处……我们生活在社会上，我们都离不开别人的帮助……大家还愿意与小天做同学、做朋友吗？”“愿意！”“小颖你愿意吗？”“老师，我也有错。”我对小天说：“做学问得先做人。‘人’是怎么写的呢？一撇自己顶天立地，一捺别人支撑，这样互帮互助，才能站得稳。”我的话惊醒了“梦中人”，小天流下了悔悟的眼泪。

几年后的一天，“老师，我是小天，您还记得我吗？我考上了重点大学了！全市第二名。明天我想和小颖等几个同学去您家跟您聊聊天，您有空吗？”电话里头的声音让我有点蒙了，我连说：“好！好！明天见。”教育的快乐莫过于此——孩子的成长，孩子的成才，孩子的成功。

“A”君不单学业要优，人品更要优，心胸要广，心理要健康。成天被人称赞的学生，容易骄傲自满、以自我为中心。我们作为孩子的引路人，必须时时提醒他们“做学问得先做人”，做一个正直的人、向上的人。平时的教育中，我们对优生严格要求，警钟常敲“梦中人”，这样他们才能克服自身的弱点，扬起风帆前进，不偏离行驶的方向。

三、博爱“B”君——一枝红杏出墙来

“B”君不喜欢抛头露面，长期处于中等地位，既不像“A”君那样个性张扬，也不像“C”君那样容易自暴自弃，屡屡犯错，他们往往是容易被老师忽视的。但是，实践证明，他们的进步是可以推动整个班级的进步的，他们内心渴望得到老师的重视和关爱，但又害怕显山露水。对这类学生，我们必须要掌握他们的心理特点，打破他们甘于中游的状态，始终如一地尊重、理解、信任他们，不时抓住其特长和细微的进步，放大，再放大，教育的结果一定会“满园春色关不住，一枝红杏出墙来”。

孩子的心灵就像一棵幼苗，需要阳光、雨露的滋润和适时的风雨锻炼。“路漫漫其修远兮，吾将上下而求索”。在教育教学这条路上，我坚信用“爱”可以点化学生心灵的“碍”，让爱唤起他们心中的自信，让爱点亮学生前进路上的明灯。